kailash

URSULA STRATMANN

mein STADTKRÄUTER Buch

HEILKRÄUTER UND WILDGEMÜSE ZWISCHEN HINTERHOF UND STADTPARK

kailash

Inhalt

… aber bitte mit Vorsicht!

Wenn Sie ein Kraut essen oder anwenden möchten, müssen Sie es genau erkennen können. Bei Verwechslung drohen Vergiftungserscheinungen! Nehmen Sie Kräuterbestimmungsbücher mit oder lernen Sie die Kräuter vor Ort bei einer Kräuterwanderung kennen.
Dieses Buch soll Ihnen den Spaß an der Stadtflora vermitteln. Es ist kein Bestimmungsbuch und beschreibt nur einen Bruchteil der in der Stadt vorkommenden Pflanzen. Es beschränkt sich auf die häufigsten und auf die, die am besten zu erkennen und zu gebrauchen sind. Eine vollständige Stadtflora würde viele Hundert Arten beschreiben!
Dieses Buch ist auch kein Therapiebuch. Bei anhaltenden Beschwerden sollte unbedingt ein Arzt/eine Ärztin oder ein/e Heilpraktiker/in aufgesucht und der Einsatz der Kräuter mit ihm/ihr abgesprochen werden. Eine Haftung der Autorin bzw. des Verlags und seiner Beauftragten für Personen-, Sach- oder Vermögensschäden ist ausgeschlossen.

Vorwort

Ich will es gleich vorweg sagen: Ich bin eine Kräuternärrin. Ich liebe sie einfach, diese grünen Schätzchen allüberall. Ein hoffnungsfroher Anblick im tristen Einheitsgrau der Städte, etwas Lebendiges zwischen all den Steinen. Etwas, das sich täglich verändert, auf interessanteste Weise, das mich grüßt mit frohen Farben und vollendeter Schönheit!

In den letzten Jahren sind sie *alle* zu meinen Freunden geworden. Das böse Wort mit »Un-« habe ich aus meinem Sprachschatz gestrichen. Stattdessen betrachte ich jedes Kraut als Geschenk – zum Essen und Heilen, zum Räuchern und für die Vase, als Gabe für Bienen, Käfer, Schmetterlinge, Asseln, Schnecken, Kaninchen, Schwebfliegen … und für alle Stadtbewohner.

Manchmal stelle ich mir vor, es wäre wieder wie früher, in einem meiner und Ihrer früheren Leben: als wir Neandertaler waren und gemeinsam durch die Gegend zogen, ganz selbstverständlich als Sammler und Jäger, immer auf der Suche nach der nächsten naschbaren Pflanze oder dem nächsten jagdbaren Tier. Nun, *meine* Vorstellung ist allerdings rein vegetarisch.

Oder wie im Mittelalter, als Barbiere und falsche Doktoren durchs Land zogen, denen man möglichst entgehen wollte. Da waren die Wundermedizin-Fläschchen schon mal mit Pferdeurin gefüllt. Ich will damit nicht sagen, dass das nicht eventuell geholfen hätte. Heutzutage verwenden wir ja auch Harnstoff (vornehm: Urea) in Cremes, doch ich wüsste immer gerne, was drin ist … Aber es gab auch Kräuterkundler,

die ein großes Wissen über die Heilkraft der Pflanzen hatten. Wir wussten damals auch sehr genau, was essbar war und was nicht.
Und nun stellen Sie sich vor, Sie müssten in der heutigen Stadt heilsame und essbare Pflanzen selbst sammeln. Wenn Sie Berliner, Münchner oder Hamburger sind, wird Ihnen sogleich das Blut in den Adern gefrieren. Es wäre niemals genug für alle da! Wenn Sie in einem Dorf oder einer Kleinstadt leben, könnte es reichen.
Eine »essbare« Stadt, die zugleich Apotheke ist, alles natürlich gewachsen, wäre das nicht ein Traum? Wäre das nicht gleichzeitig eine wunderbare Sicherheit, wenn einmal alle Apotheken oder Lebensmittel-Discounter geschlossen hätten? Und das üppige Grün wäre so schön, dass man nicht mehr in Urlaub fahren muss: mit der Kräuterapotheke im Stadtpark, den Kiwis an der Hauswand, den Salatkräutern aus dem Rasen, den Gemüsebeeten auf jedem freien Fleckchen Grün? Naschen auf dem Weg zur Arbeit, hier ein Apfel, da ein Salatblatt, dort einen Löwenzahn, biologisch, regional, gerade eben gepflückt mit einer Frische, die nicht zu übertreffen ist, ein unverfälschter Genuss und ein wunderbar leichtes Umweltgewissen? Ich sehe, Sie stimmen mir zu: Der Garten Eden ist nichts dagegen!
Mit diesem Büchlein könnten Sie meiner Vision ein ganzes Stück näher kommen.
Herzliche Kräutergrüße!

Ursula Stratmann

GROSS-
STADT-
BOTANIK

Kräuter in der Stadt?

Die Bauerntochter

Ein Dschungel in der Stadt? Früher war das für mich undenkbar! Dazu müssen Sie wissen, dass ich vom Bauernhof stamme, aus einer Idylle, wie man sie sonst nur aus Bilderbüchern kennt: einige Kühe, Hühner, ein Hund, eine oder mehrere – das wusste man nie so genau – Katzen, Kaninchen, ein plätschernder Bach, eine Tante, die im Gemüsegarten jätete, eine Oma, die immer in der Laube Kartoffeln schälte, mein Vater hoch auf der Leiter beim Kirschenernten, mein Onkel und wir Kinder mitten auf dem großen Heuwagen, unangeschnallt übrigens (!), meine Mutter beim Marmeladekochen …

Immer wenn wir zu meiner anderen Oma in die Stadt fuhren, war das für mich eine kleine Katastrophe. Unvorstellbar! Wie konnte man nur so wohnen? Im zweiten Stock, nur mit einem Minigarten, in dem ein wenig Gemüse wuchs? Daneben ein Stahlwerk und Straßen, Autos und Straßenbahnen!

Schon als Zweijährige habe ich immer gerne im Garten »geholfen«.

Silber-Fingerkraut vor der Siegessäule in Berlin. Eine schmucke Zutat: Die Blättchen mit der silbrigen Unterseite dürfen in den Salat, die Pfanne, das Kartoffelpüree …

Für heutige Verhältnisse hatte meine Oma in der Stadt einen Traumgarten, fast eine Gemüse-Selbstversorgung. Für meine damaligen Verhältnisse? Zu eng, zu laut, zu wenig Auslauf, zu viel Abgase. Ich konnte die Besuche kaum aushalten und es nicht erwarten, endlich wieder in meinen geliebten wilden Wäldern und Elfenwiesen unterwegs zu sein.

Der Stadtdschungel …

Und heute? Sehe ich in der Stadt ein »Paradies in Grün«! Hier ist es mittlerweile viel artenreicher als auf dem Land: Es gibt Gärten, Parks, Zierpflanzen, kräuterreiche Straßenränder, Friedhöfe mit exotischen Immergrünen aus aller Welt – und am spannendsten: Pflanzen mit Migrationshintergrund, die mit Lastwagen, Schiffen und Flugzeugen oder als Samen unter den Fußsohlen der Reisenden aus aller Welt zu uns gekommen sind. Oder auch mal verwilderte **Bubiköpfchen,** die sonst nur als Zimmerpflanzen überleben, aus einem weggeworfenen

Blumentopf, die es im städtischen Rasen unwiderstehlich gemütlich fanden. Welch spannende Entwicklung, welch zukunftsträchtige Möglichkeiten! Mittelmeerflora in Freiburg, die **Indische Scheinerdbeere** in Berlin, **Springkraut** aus dem Himalaya in Düsseldorf, **Rudbeckia** aus Nordamerika in Wuppertal und **Dänisches Löffelkraut** an deutschen Autobahnen. Nicht zu vergessen: das **Schmalblättrige Greiskraut** als gelber Herbstsonnenschein an Autobahnrandstreifen – aus Südafrika. Und all das auch in den warmen Innenstädten. Die Flora der Welt, mitten in Dortmund! Muss man da noch in Urlaub fahren?

… und die Landlangeweile

Auf dem Land dagegen gibt es heutzutage für Kräuterverliebte wie mich und sonstige Veganer und Ökos viel zu viele Monokulturen, selten noch die alte Idylle, es sei denn, da sind solche »Ökotanten« (Originalton meiner Tochter) wie ich am Werk. Ansonsten finde ich dort auf Quadratkilometern (!) nur eine einzige Art, meist **Mais** oder **Weizen.** In der Stadt finde ich auf einem Quadratmeter oft zehn Arten.

Raritäten!

Das Stadtklima ist im Gegensatz zum Landklima meist wärmer, trockener und windstiller. Das kann dazu führen, dass auf einmal **Kiwis** gedeihen (in Bochum) oder wild gewachsene **Feigenbäume** aus städtischen Abwasserkanälen ragen, denen es auf dem windumtosten Land zu kalt ist (in Gelsenkirchen). Oder es finden sich subtropische Pflanzen, die einem Botanikprofessor aus dem fünften Stock gefallen sind und unterhalb eines Lüftungsgitters neu austreiben – was von Stadtflora-Kartierern als eine Sensation publiziert wird (Uni Köln).

Ein Graus für Geologen – ein Paradies für Botaniker

Die Stadtböden sind, anders als auf dem Land, oftmals nicht über Jahrtausende natürlich gewachsen, sondern künstlich aufgeschüttet und mit Mutterboden obenauf geschönt. Oder sie sind einfach nur steinig und trocken oder bestehen aus reinen Steinhaufen wie an Halden und ehemaligen Bahnstrecken oder wurden extrem verdichtet an Parkplätzen. Unschön? Ja, aber auch Standorte für eine neue Pflanzenwelt.

Magerrasen ...

In Parks wird je nach Finanzlage der Stadt kräftig gedüngt oder, wenn die Kassen leer sind, gar nicht. In letzterem Fall ist der Boden ausgemagert, was dazu führt, dass auf einmal Kräuter im Rasen auftauchen, die nur auf magersten Wiesen vorkommen: Kräuter, die man schon in die Rote Liste für gefährdete Arten aufgenommen hat, weil es bei uns kaum noch ungedüngte Standorte gibt. Da tauchen dann **Kleiner Sauerampfer, Margeriten** oder **Echtes Labkraut** auf. Oder auch das sogenannte Hasenbrot, die **Feld-Hainsimse,** deren Samen nicht nur für Hasen essbar sind. Sie sehen: Die Stadtflora ist superspannend und immer für eine Überraschung gut!

Glauben Sie nicht, wenn in den Büchern steht, der Blutweiderich würde am Wasser wachsen. Zumindest dieser wusste davon nichts!

So viel Grünzeug ... oder auch nichts

Wüste in der City

In manchen Städten gibt es: nichts. Neulich in der Dortmunder Innenstadt wollte ich einmal wissen, ob es theoretisch für einen Bewohner möglich wäre, vor Ort einen Wildkräutersalat zu sammeln.

Langer Rede kurzer Sinn: Das einzige essbare Kraut stand in einem Lokal auf dem Tisch: ein Blumentopf, zur Zierde, mit Petersilie.

Ansonsten? Bodendecker in Dunkelgrün, dafür winterfest; Rasenflächen, wenn überhaupt, als Monokultur; Zierpflanzen mit wachsartigen Blättern, ungenießbar.

Ich bin einige Kilometer gewandert, immer mit dem keuschen Blick nach unten. Da muss doch wenigstens in den Ritzen jemand wohnen! Ab und zu zeigte sich ein einsamer **Löwenzahn** zwischen den Pflastersteinen oder ein **Breitwegerich** am Wegesrand. Wenigstens ein Universalpflaster für Notfälle gibt es also dort (quetschen oder kauen und auflegen, wirkt antibiotisch). Der einzige Nussbaum **(Türkische Hasel,** leckere Früchte!) war fast nussfrei, und die wenigen Nüsse waren von Würmern durchbohrt. Immerhin könnte man von den **Rosen,** die überall gepflanzt sind, die Blütenblätter ernten und über einen Salat streuen. Theoretisch. Denn wenn Sie es wirklich tun, riskieren Sie den gerechten Zorn der Stadtgärtner ... und nehmen beim Blütennaschen vielleicht noch einen Schwung Pestizide auf.

Rotklee setzt nicht nur auf dem Grünstreifen hübsche Farbakzente. Auch als Salatdeko ist er ein Hingucker – und enthält zudem viel Vitamin A und Eiweiß.

Vorstädte sind wahre Salattheken!

Wenn Sie noch etwas weiter aus der City hinauswandern, werden Sie sehr schnell fündig: Es gibt Hecken, Rasenstreifen, kleine Parks oder Waldbestände. Und da sind sie, unsere wilden Schätzchen!

Soll ich mit Ihnen einen kulinarischen Spaziergang durch die Stadt veranstalten? Laufen fördert ja die Kondition und die Gesundheit! Jogger, Walker und Hundebesitzer wissen, was ich meine, und sind an diesen Stellen sicher auch schon vorbeigekommen.

Was ich eigentlich damit sagen will: Bei einem kulinarischen Spaziergang an einem wilden Fluss kann man eher satt werden, in der Stadt überwiegt beim Sammeln manchmal der gesundheitliche Vorteil durch das Ausdauertraining …

Vorgärten und ungepflegte Wege

In vielen Städten muss ich vorerst noch städtische Rasenflächen plündern, die voll schmackhafter Wildkräuter sind, wenn das Ganze nicht von einem Golfrasen-verliebten Gärtner vertikutiert und mit der Fingernagelschere auf gleiche Blattlänge geschnitten worden ist. Oder ich nasche in kleinen, ungepflegten Vorgärten. Zwischen den Pflastersteinen wächst ziemlich oft **Löwenzahn,** manchmal auch **Vogelmiere** oder **Hohlzahn,** zu meiner besonderen Freude auch schon einmal das Gourmet-**Franzosenkraut.**

Auch findet sich oft eine kleine Apotheke zwischen den Steinen vor Ort: **Vogelknöterich** gegen Ekzeme oder **Hirtentäschel** zum Blutstillen. Beiden ist die Trockenheit in der Stadt ganz angenehm. Oder es wächst mitten auf dem Weg ein **Breitwegerich,** der als Wundheilkraut einfach wunderbar ist.

Salatbar im Gras

Wenn ich einen saftigen Salat suche, wende ich mich vertrauensvoll an Wiesen und Wegesränder. Hier finden sich fast immer **Löwenzahn, Wegerich-**Arten, **Giersch, Vogelmiere, Gänseblümchen:** alle köstlich und knackig im Kräutersalat.

Ochsenzunge vor dem Berliner Sony-Center: Blüten für den Salat.

Halden-Apotheke

Wenn ich eher die Apotheke im Sinn habe – mit Kräutern gegen Husten und Depressionen, gegen Borreliose und Hautkrankheiten –, werde ich an Baustellen fündig, auf Brachflächen, an schon lange stillgelegten Bahntrassen oder an steinigen Orten wie Bergehalden, den Relikten des Steinkohleabbaus.

Hier warten viele heilkräftige Kräuter, zum Beispiel **Nachtkerzen** mit ihren Omega-6-Fettsäuren gegen Hautprobleme, **Johanniskraut** gegen Depressionen und Schlafstörungen (als Tinktur) oder gegen alle Hautleiden (als Öl), **Königskerze** gegen Husten (Blüte) und eiternde Wunden (Blätter) und die **Karde** (Wurzel) gegen Borreliose, Osteoporose und zur Anregung der Verdauung.

Fluss-Apotheke

Sollte bei Ihnen ein Fluss durch die Stadt fließen, finden Sie dort möglicherweise die geballte Heilkraft gegen Grippe. Da, wo wir nasse Füße bekommen, wachsen genau die Kräuter, die dagegen helfen, zum Beispiel **Mädesüß** gegen Fieber, Grippe und Schmerzen.

Ein Teelöffel der frischen oder getrockneten Blüten mit 150 ml heißem Waser überbrühen, zehn Minuten ziehen lassen, trinken – und alle Schmerzen sind vergessen. Allein der unbeschreiblich süße Duft ist schon ein Traum.

Daneben steht meist der **Wasserdost,** dessen Tinktur zur Stärkung des Immunsystems dient.

Außerdem findet man fast immer **Blutweiderich** zur Wundheilung, die **Weiden,** aus deren abgeschälter Rinde man Tee gegen Schmerzen kochen kann,

Münchner Salattheke am Isarufer mit Wiesen-Bärenklau. Bitte nicht mit dem hautschädigenden Riesen-Bärenklau (Herkulesstaude) verwechseln!

Eschen, deren Blättertee gegen Verstopfung hilft, und viele weitere heilsame Gewächse.

Bei meinen Erkundungen in den Citys bin ich an vielen Flüssen fündig geworden. Wo im Ruhrgebiet die Ruhr mitten durch die Städte fließt – wie in Schwerte, Herdecke, Wetter, Essen und Duisburg –, brauchen die City-Bewohner nur kurz zum Fluss zu gehen, um sich schnell ein Heilmittel zu holen, inklusive **Wasserminze** mit ihrem exzellenten Aroma, die gegen Übelkeit hilft.

Aber auch in München an der Isar, in Berlin an der Spree, in Frankfurt am Main, in Hamburg an der Elbe findet man diese Apotheken.

Ein Herz fürs Grünflächenamt: Ernten Sie Kräuter!

So schöne Blumenbeete …

Hier finden Sie Ihre ersten kleinen Appetithäppchen, ohne selbst viel tun zu müssen: Ein üppiger Salat lässt sich fast überall in den städtischen Blumenbeeten sammeln. Nein! Nicht die Blumen! Obwohl man auch alle **Glockenblumen-, Nelken-, Dahlien-, Taglilien-** und **Rosenblüten** essen könnte. Die dürfen Sie natürlich nicht einfach pflücken, aber gern in Ihrem eigenen Garten ernten!

Ich meine das wilde Zeug. Das kommt einfach so, gratis und ungefragt, und wird im Zeitalter leerer Stadtkassen nicht allzu oft gejätet. Die meist gut gedüngten, fruchtbaren Böden der Blumenbeete bieten herrlichen Salatkräutern ein Zuhause. Ernten Sie die Wildkräuter also ruhig! Natürlich ohne die Beete zu betreten und ohne die Zierpflanzen zu beschädigen. Die städtischen Gärtner wird das freuen.

Da lässt sich ein saftiger Salat komponieren mit würziger **Vogelmiere,** mit den kleinen, senfig schmeckenden **Schaumkräutern,** mit **Giersch, Wegerich** und vielleicht auch **Gundermann.** All das sind ideale Kräuter für Salat oder Kräuterquark, zum Entschlacken im Frühjahr und für die ewige Schönheit sowieso.

Beim **Giersch** können Sie sich darauf verlassen, dass er nächstes Jahr auch noch da ist, selbst wenn die Gärtner diesen Bestseller gelesen und ihn selbst geerntet haben …

Der keusche Blick

Wenn Sie eine Frau sehen, die mit gesenktem Blick durch die Stadt wandert, kann es sein, dass ich das bin. Immer auf der Suche nach dem nächsten grünen Zwinkern zwischen zwei Pflastersteinen.

Sollten Sie das einmal selbst gemacht haben, wissen Sie, was ich sehe: manchmal nichts, depressives Einheitsgrau, manchmal interessanteste zarte Salatkräuter!

In meinen Heimatstädten (Sie wundern sich über den Plural? Ich komme aus dem Ruhrgebiet, dort wissen Sie nie so genau, wo die eine Stadt aufhört und die andere anfängt, und irgendwie bin ich in mehreren zu Hause ...) weiß ich mittlerweile sehr genau, wo die **Gänsedistel,** das **Vergissmeinnicht,** der **Giersch,** die **Schaumkräuter** wohnen. Nämlich nur an bestimmten Stellen, eins an diesem Straßenrand, das andere vor Haus Nr. 3 in der Nachbarstraße, das dritte an der ehemaligen Bahntrasse links. Das ganze Suchen kommt Ihnen mühsam vor? Aber nein! Es fördert die Intelligenz!

Wilde Möhre in Köln

Aktiv gegen Alzheimer: Kräutersuchen macht schlau!

Als ich mich über viele Jahre mit den tropischen Regenwäldern beschäftigt habe (lesen Sie ruhig weiter, es hat unbedingt mit dem Thema zu

Ein Kräuterparadies auf einer stillgelegten Bahntrasse – mit süßen Walderdbeeren.

tun!), habe ich gelernt, dass Schimpansen auf der Suche nach Nahrungsmitteln im Regenwald ganz schön schlau sein müssen. Dort gibt es keine Jahreszeiten, alle Bäume haben ähnliche Blätter, die wenigen Fruchtbäume können zu jeder Zeit des Jahres fruchten, und die wenigen fruchtenden stehen auch noch weit auseinander. Deshalb muss ein Schimpanse sich, wenn er satt werden will, genau merken, wann ein Baum geblüht hat und wann es sich lohnt wiederzukommen!

Die Situation ist ähnlich wie unsere in der heutigen Stadt. Wer komplett mithilfe der Stadtwildnis überleben will, kann diese Leistung nur als intelligentes, ausdauerndes Lebewesen erbringen, ansonsten verhungert er zwischen all dem fruchtlosen Grün!

Und genau so betrachte ich dieses Suchen: als Gehirnjogging, gratis, draußen und an der frischen Luft. Ich trainiere meinen *brain*, werde daher konsequenterweise niemals Alzheimer bekommen und habe mittlerweile nicht die Straßennamen, sondern die Kräuterlandkarte meiner Umgebung im Kopf.

Stadtwildnis: Berlin, Köln, München, Ruhrgebiet …

Berliner Plätze: krautfrei

Neulich war ich in Berlin. Und nun wissen Sie ja schon, dass mein zweiter Blick immer den Kräutern gilt! Am Brandenburger Tor war … nichts. Solche Szenerien wirken auf eine Kräuterverliebte wie mich irgendwie surrealistisch. Kann das sein?! Ein völlig krautfreier Standort in Deutschland? In der Natur sind die einzigen völlig von Grün befreiten Flächen Wüsten!

Ganz in der Nähe, vor dem Schloss Bellevue, wo oft ausländische Ehrengäste empfangen werden: ein Monokulturrasen. Wie schaffen sie das nur? Nicht ein einziger Ausreißer! Ich nehme an, dass der englische Premierminister auf der Gästeliste stand und man zeigen wollte: Was *ihr* mit eurem *englischen* Rasen könnt, können wir auch! Oder man hatte Angst, dass bei dem feierlichen Staatsakt 2015, als die Queen zu Besuch war, etwas Peinliches passieren könnte: dass sie nämlich möglicherweise im Rasen eine köstliche Vogelmiere entdecken würde, sich bücken, sie verspeisen und das gesamte Protokoll durcheinanderbringen könnte.

Berliner Park- und Rasensalat

Ein paar Meter von den Citys entfernt gibt es aber überall herrliches Zeug. In Berlin finden sich Rasenkräuter in Parks, Sauerampfer mit Blick auf Fernsehturm und Gourmet-Wildsalattheken in den Wiesen

Köstlicher Sauerampfer mit Blick auf den Berliner Fernsehturm. Das macht er doch extra! Der Ampfer!

an der Spree. Und natürlich die »essbare Stadt«, die Prinzessinnengärten und viele weitere Initiativen, wo Gemüse, Obst und Kräuter in Gemeinschaftsprojekten angebaut werden. Dazu empfehle ich Ihnen das herrliche Buch *Prinzessinnengärten. Anders gärtnern in der Stadt* (DuMont Buchverlag 2012).

Köln-City: Betongrau …

Bei meinem letzten Besuch in Köln wollte ich auch dort Kräuter sammeln für den abendlichen Salat, den ich mir immer mache, wenn ich auf dem Campingplatz übernachte. Ich hatte Tomaten dabei, Schafskäse im Glas, Salz und Pfeffer und eine Schüssel und geplant, ihn mit meinen Funden vor Ort zu ergänzen.

Am Kölner Dom (Pflichtprogramm in Köln) fand ich erst mal nichts. Alles ordentlich beseitigt, nicht der kleinste Löwenzahn. Ich bin durch die schöne City gewandert, zwischen Tausenden von Touristen aus aller Welt: kräuterfreie Zone. Alles aufgeräumt. Leider. Vielleicht denken die Stadtplaner, die Millionen bunter Touristen seien Leben genug … Nur ein einziger Blumenkasten mit Eisbegonien, lecker, schön rot, aber das verbietet sich ja von selbst, die dort für den Salat zu pflücken.

Kölner Parkplatz-Apotheke

Als ich zu meinem staubigen, etwas verwahrlosten Parkplatz zurückkam, zwischen Bahnhof und Oper, mit Domblick sozusagen, fand ich sie dann. Ich hätte gar nicht so weit gehen müssen! Eine kleine Apotheke: **Johanniskraut** gegen Depressionen, **Spitzwegerich** als Universalpflaster, **Nachtkerze,** deren Samen mit ihrem Öl gegen Neurodermitis helfen, **Honigklee** mit dem unbeschreiblichen Cumarinduft im getrockneten Zustand für das Einschlaf-Kräuterkissen, **Beifuß,** der gegen alle bösen Geister hilft und zum Räuchern benutzt werden kann. Leider stand ich beim Fotografieren in der Hundetoilette. Und nun? Bis auf den Spitzwegerich sind alle genannten Kräuter Hochstauden. Blüten sammeln erlaubt, denn so hoch pinkelt kaum ein Hund.

Grünes Köln

Vision? Für die Touristen stehen auf dem Domplatz Hunderte von Kübeln mit Johannisbeersträuchern: zum Naschen in der »trockenen Wüste«, wo nicht das kleinste Spitzchen Grün zu sehen ist. Als Willkommensgeste sozusagen. Als Erfrischung in den immer heißer werdenden Sommern. Als Augenweide zwischen all dem tristen Grau …
Ein paar Meter weiter am Rhein wurde ich dann für den Salat fündig. In Rasenflächen und in den Uferwiesen gibt es genug Salatkräuter. Und natürlich gibt es auch in Köln *urban gardening,* unter anderem den Campus-Garten an der Universität Köln. Nur wenige Hundert Meter vom Dom entfernt findet man überall grüne Oasen, Parks, Rasenflächen, ungepflegte kräuterreiche Beete mit Seltenheiten und saftigen Salatkräutern, Apotheken an Baustellen. Wenn man sich mit Kräutern auskennt, kann man eine wilde Gourmettheke abernten!

München-City: auf den ersten Blick krautfrei

Die Frauenkirche und den Marienplatz kennt fast jeder. Auch hier: Für die Millionen Angereisten aus aller Welt gibt es viel Kultur, aber nichts Grünes zu naschen. Ein paar rote **Geranien** am Rathaus, nur fürs Auge. Um die weltberühmte Frauenkirche: wie gefegt. Nichts. **Bergahornbäume** drum herum, also auch kein Speiselaub.

Mittendrin ein grüner Platz!

Auf dem Marienhof gleich hinterm Rathaus, wo Touristengruppen sich ausruhen, endlich einige Kräuter im Rasen, wenngleich der eher durch sein hartes Gras mit Trittfestigkeit punktet als mit Salatzartheit. Mit Blick auf die Frauenkirchentürme lassen sich immerhin ein paar **Eselsdisteln** entdecken, deren geschälte Stängel zur Not verspeist werden können – wenn man ein Taschenmesser dabeihat. Es gibt auch etwas **Weißklee** zum Naschen, in Spuren **Wegerich.** An einer Seite stehen in überdimensionalen Töpfen **Felsenbirnensträucher.** Endlich! Yippie! Da hat schon jemand ein wenig in Richtung »essbare City« gedacht. Hoffentlich wissen alle, dass die Beeren lecker sind.
In der Perusastraße dann ein paar Blumentröge. Da könnten doch Duftkräuter rein – zum Erfrischen im heißen, stickigen Stadtsommer: Melisse, Minze oder Zitronengras, ein Beerenstrauch in der Mitte …

Seltenheiten und Lebensgefahr an der Isar

Ich fahre in die Vorstadt ans Isarufer. Hier sieht es so grün aus, dass mein Botanikerherz sofort höher schlägt. Und genau: Auf dem Weg zur Wittelsbacher Brücke finde ich gleich eine mir bisher unbekannte Karde: *Dipsacus pilosus,* die **Behaarte Karde,** deren Wurzel gegen Bor-

reliose hilft, das Immunsystem anregt und die Verdauung fördert. Wer sagt's denn? Alles da!
Beim Fotografieren am Ufer, mit Blick auf die Wittelsbacherbrücke, werde ich dann allerdings von Hunderten kleiner Mücken angefallen, von frei laufenden Hunden angekläfft, und ab und zu muss ich vor einem heranrasenden Fahrradfahrer zur Seite ins hohe Gras springen. Was ich damit sagen will: An einigen Stellen der Welt kann das Wildsalatsammeln durchaus als lebensgefährlich eingestuft werden. Und der Salat *muss* gewaschen werden, denn hier kann man neben den Kräutern der Welt auch die Hunderassen der Welt bestaunen.

Die Münchener Fülle

… gibt es hier und in den vielen Münchner Parks! Im Rasen findet sich für den Salat **Breit-** und **Spitzwegerich, Schafgarbe, Herbst-Löwenzahn, Gänsefingerkraut, Wiesen-Bärenklau** und **Rotklee.** Dazu Apothekenpflanzen wie **Wiesensalbei, Kleine Klette** und das **Zottige Weidenröschen,** das nicht nur gegen Blasenentzündung und Prostataleiden hilft, sondern auch im Salat herrlich schmeckt.
Im Park stehen **Ulmen, Holunder** und noch viel mehr! Hier ist sie also: die Salattheke für alle Münchner.

Zottiges Weidenröschen am Isarufer, lecker im Salat und farblich passend zur Graffiti.

Pastinak, der geerntet werden will – mal wieder direkt an der Straße!

Man muss nur einige Hundert Meter aus der Innenstadt rausgehen. In Schwabing zum Beispiel mit seinem Englischen Garten braucht man sich über Kräutermangel gar nicht mehr zu beklagen. Da ist es so grün, dass es für die halbe Stadt reicht.

Ruhrgebiet – ein Kräuterparadies

Auch hier in den Innenstädten: meist nichts. Aber zwischen den Städten und in den unzähligen Parks und auf den aufgegebenen Industrieflächen ist es grün, ebenso an der Ruhr, der Emscher, der Lippe, auf den Rasenflächen und den Mittelstreifen zwischen den Hauptverkehrsstraßen – da wächst zum Beispiel in Mengen der **Pastinak** oder der **Japanische Staudenknöterich,** dessen Stängel im Frühjahr wie Rhabarber zubereitet werden können. Eine ungeahnte Kräuterfülle findet sich hier an den vielen stillgelegten Bahntrassen, über die früher Kohleloren fuhren. Das sind heute, 40 bis 100 Jahre nach der Stilllegung, Radler- und Kräuterparadiese mit Komplettapotheken.

Muss man die Kräuter waschen?

Dogpoop: Zweieinhalb Milliarden …

Die Hundehäufchen – Sie sehen, ich drücke mich sehr diplomatisch aus, mit der Verniedlichungsform »chen« – sind ein Problem.
Sieben Millionen Hunde in Deutschland mit 365 Häufchen pro Jahr machen insgesamt zweieinhalb Milliarden Häufchen, an einigen Stellen gefühlt mehr, an anderen keine. Natürlich finden wir an den schönsten Spazierstellen mehr, denn diese werden von Hundebesitzern ebenso wie von Naturbegeisterten (oder sind das dieselben?) eben auch am meisten begangen. Oft genug habe ich bei Kräuterwanderungen in städtischen Gebieten Teilnehmer dabei, die hier niemals ein Kraut probieren würden, selbst wenn es das gourmetmäßig leckere **Franzosenkraut** oder die Fünf-Sterne-**Huflattich**stängel mit dem Spargelgeschmack sind. Denn sie wissen, wo sie mit ihrem Hund waren …

Vision

Wie wäre es mit ein paar schönen Holzschildern, Aufklebern, Ansteckern, Werbeplakaten mit Aufschriften wie »Was ich liebe, halte ich sauber!«, mit Fernsehspots … oder/und ein paar Kontrolleuren? Ich biete bei meinen Kräuterspaziergängen immer ausgerechnet den Hundebesitzern Kostproben der Wildkräuter an. Damit auch sie verstehen, wo die Gemüsetheke ist.

Es müsste genug Dogpoop-Sammelstellen geben so wie in England. In London gibt es mittlerweile DNA-Tests für Hundekot, um die Besitzer ausfindig zu machen, da die Beseitigung der Hundehaufen Millionen kostet. In den USA gibt es ähnliche Projekte.

Bei einer Frühlingssäuberungsaktion in einem Wald in Dortmund fand man übrigens ungeheuer viele Plastiktüten. Und ahnen Sie, was darin war? Hundehaufen!

Meine Vision: ausgewiesene Hundezonen in allen Stadtteilen mit Steinschüsseln zum Trinken, mit der Möglichkeit rumzutollen, mit Mülltonnen für den Dogpoop, mit Parcours oder Hundespielplätzen, damit auch möglichst viele Hundebesitzer gerade hierhin kommen.

Stilvolle Sammelstelle in England.
Rechts in der Socke: die Plastikbeutel.

Hundefreie Zonen

Solange meine Vision noch auf die flächendeckende Umsetzung wartet, suchen Sie sich fürs Kräutersammeln eine hundefreie Zone. Die Urinmenge von Igeln, Haselmäusen oder Schnecken ist meiner Ansicht nach zu vernachlässigen.

Suchen Sie, wenn es in der Nähe gar nichts anderes als »Hundetoiletten« gibt, Orte unter Dornengestrüpp oder zwischen Brennnesseln. Allerdings müssen Sie da mit Handschuhen sammeln, um sich selbst nicht zu verletzen. Oder Sie finden Böschun-

gen, wo Sie in »Nicht-mehr-Hundepinkelhöhe« sammeln können. Im April können Sie auch Baumblätter nehmen, zum Beispiel die ganz jungen Blätter von Birken und Buchen oder ganzjährig die am Stamm ausgeschlagenen von Linden. So hoch kann kein Hund pinkeln!
Oder Sie holen sich die Wildkräuter einfach in den eigenen Garten.

Auch mit ungewaschenen Kräutern 87 geworden

Muss man die hoffentlich hundefreien Kräuter denn nun wirklich waschen? Sie meinen, das sei gar keine Frage? Dann erkundigen Sie sich einmal bei den Anhängern von Franz Konz. Das ist der Begründer der »Urkost«, einer veganen Rohkost, die hauptsächlich aus Kräutern, Gemüsen, Früchten und Nüssen besteht. Franz Konz ist damit immerhin 87 geworden, und *er* hat die Kräuter niemals gewaschen!

Vitamin B_{12}

Warum wusch Franz Konz seine Kräuter nicht? Weil auf den ungewaschenen Kräutern das Vitamin B_{12} ist: ein Vitamin, das sonst nur in tierischen Lebensmitteln und Algen vorkommt und bei Rohkost-Veganern oft Mangelware ist. Bakterien produzieren es, und auf ungewaschenen Kräutern ist es eben noch drauf. B_{12}? Ist beteiligt an der Synthese der DNA und damit für jede Zellteilung wichtig, außerdem für den Aufbau der Schutzhüllen der Nervenzellen, liefert also Anti-Aging-Möglichkeiten ohne Ende!
Sobald ich den Eindruck habe, dass meine Sammelstelle gleichzeitig die städtische Hundetoilette ist, gehe ich einfach ein Stück weiter und wasche die Kräuter zur Sicherheit. Nach einem Regenguss tue ich das auch schon mal nicht, denn zumindest die wasserlöslichen Urinreste

sind dann meist abgespült. In hundefreier Wildnis esse ich die Kräuter aus der Hand oder, eleganter ausgedrückt, als spontanes Fingerfood.

Salatsoße ist die Lösung!

Wenn Sie nicht sicher sind, aber wie Franz Konz gern das Vitamin B_{12} der auf den Kräutern haftenden Bakterien mitessen möchten, machen Sie doch Salat statt Smoothie, und zwar mit Essig und Öl! Der Keimgehalt an Bakterien, Hefen und Schimmelpilzen bei klassischen Blattsalaten wird mit Essig und Öl innerhalb weniger Minuten um 90 Prozent reduziert (vgl. *Natur und Heilen,* 5/2014, S. 9).

Autobahn-Mittelstreifen?

An den Autobahn-Mittelstreifen finden sich oft die reinsten Apotheken! Manchmal freue ich mich regelrecht über einen Stau, stürze mit der Kamera raus, während die anderen Autofahrer sich wundern, was ich ausgerechnet dort finde, und fotografiere die »Autobahn-Apotheke«: **Johanniskraut** gegen Depressionen (das würde ja zum Stau passen), **Königskerze** gegen Husten (würde bei der Menge des Staubes auch zum Stau passen), **Nachtkerze,** deren Öl gegen Neurodermitis hilft, **Malven** gegen Reizhusten (noch mal stautauglich!) und **Baldrian** als Schlafmittel (nein, nicht im Stau einnehmen!).

Natürlich pflücke ich sie nicht als Therapeutikum. Hier sind sie zu verseucht mit Rußpartikeln aus Dieselmotoren, mit Benzinresten, Reifenabrieb und sonstigen Giften. Leider, leider!

Theoretisch müssten doch hier die überlebensstärksten Pflanzen wachsen! Was die alles aushalten! Ich nehme mir Pflanzen oder Samen mit und ziehe sie in meinem Garten oder Blumenkasten nach. Deren

Wildkräutersalat mit Löwenzahnblüten und den rötlichen Blättern des Ruprechtskrauts.

Nachkommen, bei mir biologisch und mit Liebe großgezogen, müssten doch alles überleben, jede Art von städtischem Boden, Trockenheit oder Nichtbeachtung.

Rechts und links der Autobahn

Schauen Sie beim Autobahnfahren auch so interessiert in die Vegetation der weiteren Umgebung wie ich? Manche Autobahnen sind grün, gesäumt von Alleen, andere lassen den Blick frei in die bäuerliche Umgebung schweifen.

Wie romantisch … Oder? Ordentlich versorgte Äcker, mit schnurgeraden Furchen (für die großen Maschinen, die Spritzmittel ausbringen),

Natternkopf mit essbaren Blüten auf einem ehemaligen Industriegelände.

da ein Weizenfeld, dort Gemüse, und neulich wieder, im Taunus, nur fünf Meter (nein, nicht Kilometer!) von meinem Auto auf der Autobahn entfernt: ein Kohlfeld, Weinberge, Apfelplantagen.
Moment – direkt neben der Autobahn?! Wenn das Zeug dann schön verpackt im Discounter steht, frage ich gar nicht mehr: Waren da Altlasten, Pestizide, Abgase in der Nähe? Die in Plastik verpackte Ware gibt mir das Gefühl: alles sauber …

Halden und Industrie

Im Ruhrgebiet und im Saarland und in allen großen Industrieregionen Deutschlands wie Leverkusen, Bitterfeld, Duisburg und vielen anderen muss beim Sammeln darauf geachtet werden, dass die Kräuter nicht auf sogenannten Altlasten gewachsen sind. Das sind Ablagerungen von Industrieabfällen oder Chemiegiften, ehemalige Sondermülldeponien oder unsanierte, aufgegebene Industriestandorte. Oftmals werden noch lange nach der Ablagerung Gifte an den Boden abgegeben, die sich dann auch in Pflanzen wiederfinden. Viele Häuslebauer hatten schon das Problem: Der selbst angebaute Biosalat für das Baby war belastet, denn zu spät entdeckte man, dass das Baugrundstück verseucht war … Im Ruhrgebiet gibt es besonders viele Altlastenstandorte an alten Kokereien, die mit Schwermetallen verseucht sind. Hingegen bestehen die meisten der über 130 Bergehalden zum großen Teil aus Untergrundgestein, das beim Kohleabbau anfiel – diese kann man fast bedenkenlos abernten.

Viele ehemalige Industriestandorte sind aber auch versiegelt, das heißt mit Beton eingefasst und dann mit Mutterboden bedeckt worden, wo dann problemlos essbare Kräuter und Beeren gesammelt werden dürfen. Informationen über die Standorte bekommen Sie beim örtlichen Grünflächenamt, Umweltamt oder Bauordnungsamt.

Die Lösung: grüne Kräuter!

Täglich! Zum Entgiften! In unseren Ballungsgebieten haben wir einfach keine Wahl. Die Schadstoffe kommen aus der Luft, dem Wasser, der Nahrung … Sehen Sie die Sache einmal aus einer anderen Perspektive: Je mehr Grünzeug Sie ernten, desto gesünder ist Ihr Immun- und Entgiftungssystem. Die Wildkräuter sind so frisch wie nur eben möglich, gerade eben erst gepflückt, voller Vitamine und Mineralien! Sie entschlacken, regen die Nieren und die Leber an, bringen damit täglich die Gifte über Leber und Nieren nach draußen und sind damit die beste Vorsorge gegen Krankheiten!

Macht die Stadt gesund?

Wald macht gesund

Wenn ich Sie fragen würde, ob der Wald gesund macht, würden Sie das doch bestimmt ohne Bedenken bejahen, bejubeln und mir sicher voller Begeisterung von Ihren Wunderheilungen durch Waldspaziergänge erzählen? Nein, ich übertreibe nicht! In letzter Zeit häufen sich die wissenschaftlichen Beweise dafür. Eigentlich wussten wir das doch intuitiv schon immer.

Bei einer Studie in Korea wurden Blutdruck und Lungenkapazität von Frauen verglichen, die einen einstündigen Spaziergang entweder durch den Wald oder durch die Stadt gemacht hatten. Sie ahnen das Ergebnis, oder? Bei den Waldspaziergängern sank der Blutdruck, die Lungenkapazität nahm zu, die Elastizität der Adern verbesserte sich. Bei der Stadtgruppe veränderte sich nichts.

Geliebte T-Killerzellen

Eine weitere Studie ergab, dass das Gehen im Wald die sogenannten T-Killerzellen aktiviert. Hört sich ja gefährlich an! Das sind meine und Ihre weißen Blutkörperchen (eine spezielle Sorte Lymphozyten), die Krebszellen abtöten. Ursache für die Aktivierung sind laut dieser Untersuchung Stoffe, die von Bäumen in die Luft abgegeben werden und die Bäume selbst vor Krankheitserregern schützen.

Spaziergänger atmen diese Wirkstoffe, sogenannte Phytonzide, ein, und dadurch verbessert sich ihr Immunsystem. So einfach kann Gesundheit

sein! Krebsvorbeugung in seiner einfachsten Form: Ab in den Wald. Oder hier besser: Bäume in die Stadt!
Bei einer weiteren Studie, einer Befragung bei 335 Reha-Patienten, gaben mehr als drei Viertel der Befragten an, dass die Spaziergänge im Wald am meisten zu ihrer Gesundung beigetragen hätten. (Alle Infos stammen aus: *Natur und Heilen,* 11/2014.)
Nun, das war der Wald. Bei der Stadt würden Sie das nicht so einfach bejahen. Ein Ort ohne WLAN-Spot, ohne Straßenlärm, ohne Hauptverkehrsstraße, Abgase, Hundehinterlassenschaften …? Ist in der Innenstadt ja nicht so leicht zu finden. Prof. Dr. med. Stadt? Doch!

Prof. Dr. med. Stadtpark

Parks machen auf jeden Fall gesund! Die Forscher um Christian Krekel vom Deutschen Institut für Wirtschaftsforschung (DIW) haben 2015 erstmals in Deutschland untersucht, wie sich die Grünanlagen der Großstädte auf die Bewohner der Nachbarschaft auswirken. Ausgewertet wurden die Fragebögen von Menschen, die in den 32 größten Städten Deutschlands leben.
Ich denke, Sie ahnen das Ergebnis schon: Je näher die Befragten an einer Grünanlage oder einem Park leben, desto zufriedener waren sie und

Grünanlagen tun uns gut! Solche wie am Apothekenteich in Andernach.

Blüten vom Spitzahorn – ein gelber Sonnenschein, schön und lecker zugleich.

desto besser war ihre körperliche Gesundheit. Besonders ältere Menschen profitieren davon. Menschen, die in der Nähe von Parks oder Grünanlagen leben, litten seltener an Diabetes, Schlafstörungen und Gelenkschmerzen. Vielleicht liegt dieser Effekt daran, dass Parks zu Bewegung animieren. (Quelle: *natur.de/parks,* März 2015)

Schöne Umgebung macht gesund

Eine niederländische Studie von 2009, bei der die Daten von 345 000 Menschen untersucht wurden, kam zu dem Ergebnis, dass 15 von 24 untersuchten Krankheitsbildern, beispielsweise psychischen Erkrankungen, in Gegenden mit hohem Grünflächenanteil seltener auftraten. Den stärksten positiven Einfluss hatte das Grün auf Depressionen und Angststörungen. Dabei war die größte positive Wirkung zu verzeichnen, wenn die Grünflächen weniger als einen Kilometer vom Wohnort des Studienteilnehmers entfernt waren. (Quelle: *Journal of Epidemiology and Communitiy Health,* »Morbidity is related to a green living environment«, 2009.)

Glückstraining

Jeden Morgen, wenn ich auf die Autobahn in Richtung Arbeit fahre, grüße ich ihn. »Hallo Bäumchen! Wie schön du wieder bist!« Und wirklich, jedes Mal ist er anders schön, mal mit Herbstlaub in Gelb, dann in Rot, dann in Braun, mal mit hellgrünen Spitzchen, mal mit gelben Blüten, mal windgepeitscht, im Winter mit der ebenmäßigen Silhouette, der schönen rundlichen Kronenform ... Ob er die Maße des goldenen Schnittes hat? Ein Baum an der Autobahn, den ich fast täglich sehe. Ich hatte einmal den Eindruck, dass er mich anschaut – und natürlich auch alle anderen Autofahrer hier an der Zufahrt zur A43. Nur gucken die anderen nicht zurück. Tatsächlich könnte man an seinem Stamm so etwas wie eine Nase und zwei Augen sehen, etwas gnomenhaft. Ich finde ihn immer viel schöner und mit viel mehr Laubblättern gesegnet als die beiden anderen Bergahorne, die neben ihm stehen. Als ich einmal mit Nail Al Saidi unterwegs war, einem Redakteur vom Deutschlandfunk, und ihm den Baum zeigte, meinte er, er hätte noch niemals jemanden getroffen, der sich so viele Gedanken über einen Baum an der Autobahn macht.

Wie ich die Welt sehe ...

Ich weiß nicht, wie Sie die Welt sehen. Einige sehen vielleicht die Werbung in den Schaufenstern, ein Malermeister sieht vielleicht, dass hier

Asphaltblüte: Stiefmütterchen dürfen komplett in den Salat.

eine Hausfassade gestrichen werden müsste, ein Straßenbauer die Makel am Gehweg, eine Mutter die Kinder der anderen … Ich sehe, welches Wildkraut zwischen den Pflastersteinen wächst, wo welche Hausfassade schön begrünt werden könnte, habe Ideen, wie die leeren Baumbeete bepflanzt werden können, und Visionen von Spaliersträuchern an Hauswänden und Beerenhecken im Stadtpark. Ich sehe, dass dieser Strauch krank und jener besonders prächtig ist, nehme wahr, unter welcher Baumkrone ich stehe und ob es gerade essbare Kräuter am Wegesrand gibt, ob ein Baum eine besondere Kraft ausstrahlt und vielleicht einen Ort beschützt – und ständig denke ich: Wie wunderbar! Welche Schönheit! Dieses Blatt! Diese Blüte! Dieses Moos, die Biene, die Wespe, der Rüsselkäfer, die Flechte auf dem Bruchstein, die bunten Blumen auf der Baustelle … Sie könnten das auch Glückstraining nennen.

Ich habe vor Jahren einmal ein Glücksseminar besucht. Eine Übung war, immer dann, wenn wir einen negativen Gedanken haben, einen positiveren zu suchen und diesen bewusst zu denken. Im grauen Städtedickicht ist der Gedanke »Welch hübsche Vogelmiere zwischen den Pflastersteinen!« eine durchaus alternative Glücksvariante!

Sich zu Hause fühlen macht gesund

Was bedeutet für Sie Heimat? Für die meisten Menschen, die auf dem Land groß geworden sind, ist das ein bedeutungsvoller Begriff. Für Stadtmenschen weniger. Nur ein kleiner Teil des Hauses (Mehrfamilienhaus) oder des Grüns (»Gartenmitbenutzung«) gehört da zu mir. Und wenn man das ändern könnte? »Teilhabe« ist das neue Schlagwort in den Städten: Gemeinschaftsgärten und Nutzung von städtischen Flächen durch die Bewohner schaffen auch hier ein Heimat- und Zugehörigkeitsgefühl. Es wird gepflegt, sich gekümmert, geerntet, Kontakt mit den Nachbarn angeregt. Das alles gehört mit zum sozialen Wohlbefinden, das nach Definition der WHO neben dem physischen und psychischen Wohlbefinden unbedingt Teil der Gesundheit ist!

Gemeinschaft!

Gerade so ein gemeinsames Planen, Pflanzen, Jäten, Ernten und Kochen fördert ein Gemeinschaftsgefühl, das in der Stadt viel zu oft ganz verlorengegangen ist. Es gibt Ökodörfer, Mehrgenerationenprojekte und Gemeinschaftsgärten in den Städten, die eine neue, gesunde Art des Miteinanders vermitteln. Zusammen mit der Natur ist dies noch einfacher

Löwenzahn für alle! Auf diesem aufgegebenen Stadtgrundstück kann ihn jeder ernten.

So könnte ein Öko-Schrebergarten aussehen: geplantes Bio-Gemüse, dazwischen ungeplantes Bio-Wildkraut. Und dann? Alles zusammen in die Pfanne ...

umzusetzen: Denn hier kann *jeder* etwas tun, säen oder jäten, ernten oder auch solange auf die Kinder aufpassen, den Rasenmäher reparieren oder (im Rollstuhl) die geernteten Kartoffeln schälen.

Im Ruhrgebiet gibt es eine Initiative, die sich »Ökodorf Ruhrgebiet« nennt, mit genau dem Ziel: *Jeder* kann etwas, das für die anderen nützlich ist. Allen voran steht das friedliche und hilfsbereite Miteinander, das gemeinsame Gärtnern und das ökologische Leben. So sind viele herrliche neue Freundschaften und eine Menge Gemeinschaftsgärten entstanden (siehe auch *www.ökodorf-ruhrgebiet.de*).

Grünflächen in der Stadt machen das Stadtklima gesund

Haben Sie auch Angst davor, dass die Klimaveränderung eines Tages die Stadtsommer so heiß werden lässt, dass Sie das Haus nicht mehr in normaler Bürokleidung verlassen können, ohne zu denken: »Bikini wäre das einzig Sinnvolle?« Ich gebe Ihnen recht. Die Tropenhitze in einigen der letzten Sommer war in der Stadt kaum zu ertragen. Dort ist es wärmer und trockener als auf dem Land. Der Asphalt heizt sich auf und speichert die Wärme. Über den heißen Flächen steigt die Luft nach oben und nimmt den Staub mit. So atmen Sie in der Stadt heiße, trockene, staubige Luft ein.

Dagegen lässt sich leicht etwas unternehmen: Mehr Grün in der Stadt! Mehr Alleen, grüne Dächer, bewachsene Hausfassaden, berankte Balkone! Dort bleibt die Luft im Sommer viel kühler, weil die Pflanzen Wasser an die Luft abgeben. Zum Beispiel verdunstet eine einzige Birke pro Tag 200 Liter! Wenn Sie an einem Sommertag in den Park gehen, merken Sie den Unterschied sofort.

Aber nicht nur das liefern sie für uns: Pflanzen spenden Schatten, sie binden CO_2 und Abgase und besonders das lungenschädliche Ozon bei Sommersmog. Auf den Blättern setzen sich Feinstaubpartikel ab, die sonst in meiner und Ihrer Lunge landen würden. Und das Beste: Sie produzieren Sauerstoff direkt vor unserer Nase!

Für das Stadtklima ist es sehr hilfreich, wenn Sie Balkon und Fassade begrünen, Ihre Garage oder Ihren Carport bewachsen lassen und bei Neubauten begrünte Dächer mit einplanen. Und für die Paradiesversion könnten Sie dies alles mit essbaren Pflanzen machen! Gemüse im Vorgarten, Spalierobst an allen Fassaden, rankende Bohnen, Himbeeren und Brombeeren an der Garage, Kräuter statt Rasen im Vorgarten …

Nehmen Sie die Stadtflächen in Beschlag

Kleingärten

Kleingärten waren einst etwas für die Oma, denken Sie? Aber nein! Öko-Schrebergärten und Gemeinschaftsgärten sind total »in«. In immer mehr Städten gibt es lockere Gemeinschaften, die gemeinsam Essbares anbauen, wo jeder einfach mitmachen kann. Der Vorteil: Jeder hat von etwas anderem Kenntnis, die Arbeit teilt sich auf, alle kümmern sich, es kommt zu netten Begegnungen und zu neuen Geschmackserlebnissen, wenn Gewächse aus fernen Ländern im Garten landen – wie im Gemeinschafts-Permakulturgarten Dortmund, wo mit minimalem Aufwand maximal umweltverträglich angebaut wird und wo zwei Koreaner Ölweidenfrüchte ernten sowie koreanische Petersilie als Jungbrunnen für alle anbauen *(www.umweltkulturpark.de)*.

Baumscheiben & Co.

Was ist eigentlich eine Baumscheibe? Als ich den Ausdruck zum ersten Mal hörte, dachte ich in meiner jugendlichen Unschuld, damit sei ein Brett aus einem quer geschnittenen Stamm gemeint, mit konzentrischen Kreisen, den sichtbaren Jahresringen.

Nun, die Wahrheit ist: Die Baumscheibe ist das kleine ungepflegte Beet voller Unrat und Hundehinterlassenschaften um den Stadtbaum, zwischen Pflastersteinen oder Asphalt.

Und genau hier ist *Ihr* Betätigungsfeld. Besetzen Sie den öffentlichen Raum! Benachrichtigen Sie die Stadt, dass Sie der Pate für dieses Stück Erde und den Baum werden möchten, entweder direkt gegenüber Ihrer Wohnung oder sonstwo! Die meisten Städte werden sich freuen, dass *Sie* die Pflege übernehmen, sich im Sommer um Wasser für den Baum kümmern und das Stadtbild verschönern. Lockern Sie den Boden oder schütten Sie Erde auf und pflanzen Sie!

Werden Sie Pate

In vielen Städten gibt es Baumscheiben-Patenschaften, zum Beispiel in Dortmund, Essen oder Berlin. Das Berliner Grünflächenamt gibt dazu konkrete Hinweise (Seite 46).

In Berlin ist eine Umzäunung der Baumscheiben verboten, in manch anderen Städten erlaubt – mit dem Vorteil, dass dort Essbares gedeihen könnte. Eine Mitarbeiterin des Berliner Grünflächenamtes erzählte mir aber, dass ein Zaun nicht immer vor Hundehinterlassenschaften schützt. Die Hundebesitzer heben ihre Tiere nämlich ganz einfach drüber …

So schön könnte eine Baumscheibe sein. Und: Die Stiefmütterchenblüten sind essbar!

Info zu Straßenbäumen in Berlin

Straßenbäume haben mit vielen Problemen zu kämpfen:

- *Sie leiden unter Wassermangel,*
- *auf Baumscheiben parkende Autos verdichten den Boden,*
- *angelehnte Fahrräder verletzen die Rinde,*
- *Hundeurin verätzt den Stamm.*

Was sollte und darf ein Baumpate tun? Was hilft, was ist sinnvoll?

- *Säubern Sie die Baumscheibe von Müll und Unkraut.*
- *Wässern Sie regelmäßig bei Trockenheit und Hitze.*
- *Entfernen Sie Stock- und Stammaustriebe.*
- *Sprechen Sie Bürgerinnen und Bürger an, wenn die Baumscheibe als »Hundeklo« oder zum Abstellen von Fahrrädern oder Autos benutzt wird.*

Die Bepflanzung einer Baumscheibe ist für den Erhalt des Baumes nicht notwendig. *Vielmehr erschwert es in Einzelfällen unsere Möglichkeiten der Bewirtschaftung, und eine nicht sachgerechte Bepflanzung kann die Nährstoffzufuhr für den Straßenbaum einschränken. Die Eigeninitiative zur Bepflanzung einer Baumscheibe wird vom Grünflächenamt jedoch geduldet, wenn folgende Kriterien erfüllt sind:*

- *Es dürfen nur krautige Pflanzen (Einjährige und Stauden) verwendet werden, keine Gehölze.*
- *Umzäunungen/Einfriedungen jeglicher Art sind untersagt.*
- *Eine Aufschüttung mit Pflanzerde darf höchstens 10 cm hoch sein.*

Quelle: www.berlin.de/ba-charlottenburg-wilmersdorf/verwaltung

Bodendecker ade

Es wäre auch möglich, die städtischen Grünflächen- oder Umweltämter zu fragen, ob Flächen, die momentan mit Bodendeckern bewachsen sind, anders genutzt werden könnten. Bodendecker in pflegefreiem und damit kostenneutralem Immergrün sind naturgemäß für klamme Stadtkassen die Sanierungslösung – ähnlich wie ein Garten, der aus grün gestrichenem Beton besteht: absolut wartungsfrei, kostenlos und trotzdem in dieser beruhigenden Farbe …

Gucken Sie brav …

Wenn Sie den Stadtangestellten vertrauenswürdig klarmachen können, dass Sie sich verbindlich kümmern, werden Sie möglicherweise mit offenen Armen empfangen. Am schönsten, langlebigsten und wartungsärmsten ist eine Bepflanzung der Beete mit Stauden. Wie wäre es mit **Salbei** und **Rosmarin** als Halbsträucher, im Unterwuchs dazwischen **Thymian,** als Bodendecker **Minzen** und einzeln dazwischen ab und zu ein **Romanesco** oder **Weißkohl, Kopfsalat** oder **Kohlrabi?** Bei mir im Garten wachsen alle durcheinander, auch wenn die Bodenansprüche vielleicht nicht für alle dieselben sind.
Außerdem hat eine neue Studie ergeben, dass Schnecken nicht multitaskingfähig sind und bei der Zusammenpflanzung von mehr als zwölf verschiedenen Kräutern auf kleinem Raum einfach aufgeben …
Und dann machen Sie ein Schild dran: »Elkes Gartenkunst« oder so. Und natürlich ernten Sie! Sollten Sie verwaiste Flächen entdecken, die mit Schotter bedeckt sind, wäre immerhin ein Gärtnern in Hochbeeten, großen Pflanzkübeln oder Säcken möglich.

Calendula, die Ringelblume, ist schön und heilkräftig und wächst hier in einem Hinterhofgarten mitten im Ruhrgebiet.

Beete im Stadtpark

Selbst auf dem Rasen im Stadtpark lässt sich ein Beet anlegen. So habe ich es in Bochum gesehen, wo der Stadtpark keine blühenden Stauden mehr hat, aus Kostengründen. Eine kleine Bürgerinitiative hat sich des Problems angenommen, ein Stück Rasen umgegraben und bunte Blumen gepflanzt. Sie werden von der Stadt geduldet und von Sponsoren gefördert. Jetzt kommt endlich wieder Farbe in den Park!
Ganz selbstverständlich wurden in Kriegszeiten viele Stadtparks in Gemüsebeete umgewandelt. Da war jede nur denkbare Fläche überlebenswichtig. Das kommt uns heute seltsam vor.

Am besten mit Schild und Bilderrahmen

Nachdem Sie die Erlaubnis bekommen haben, zäunen Sie das Gebiet ein oder umpflanzen Sie es mit kleinen Buchsbäumchen. Darin können Sie ein Beet anlegen (umgraben! Schenkt Muskeln!) und Gemüse anpflanzen. Oder auch Wildkräuter. Wenn jedes ein Schild bekommt, wird den Passanten gleich die zukunftsträchtige Bestimmung klar. Es gibt doch kaum etwas Wichtigeres als *frische grüne* Nahrung! Der Bilderrahmen aus Buchsbaum gibt dem Ganzen die Bedeutung, die es verdient. Und stellen Sie ein Schild auf: »Bitte bedienen Sie sich!«

Wenn dann die Diskussion losgeht über Abgase und Hundedreck, stelle ich immer die Frage: Ob der Autobahnsalat, obendrein mit Pestiziden gespritzt, der seit fünf Tagen beim Discounter liegt, oder die Konservennahrung, die völlig befreit von aller Energie und jeglichem Vitamin ist, denn wohl besser seien als Gemüse oder Kraut, das vor wenigen Sekunden noch lebendig war. Dazu bio, regional, roh und vegan.

Gemüsebeet anlegen: Fitness gratis

Rasen in ein Beet verwandeln

Aus einem Rasen ein Gemüsebeet zu machen, ist nicht so einfach, wie es klingt. Rechnen Sie für eine Fläche von 2 × 2 Metern mit mindestens zwei Stunden Arbeit. Sie brauchen Muskeln oder Ausdauer, einen Spaten, eine Schubkarre und die Möglichkeit, die herausgestochenen Stücke zu lagern.

› Stechen Sie zuerst die Umrisse ab, dann stechen Sie ganze Schollen der Grasnarbe aus. Dazu wird der Spaten erst tief, dann waagerecht unter die Grasnarbe gestochen, in etwa 15 cm Tiefe. So heben Sie Stück für Stück die oberste Bodenschicht mit der Grasnarbe ab, Spatenstich für Spatenstich. Zum Schluss wird von jedem Stück die Erde abgeklopft, die verbleibt im Beet, und die Grasnarbe landet in der Schubkarre: für den Komposthaufen.

› Das verbleibende Beet wird mit Kompost oder Pflanzerde aufgefüllt, umgegraben, und dann kann das Bepflanzen losgehen.
Ich schätze, Sie sind nun rechtschaffen müde, werden morgen Muskelkater haben und dazu ein Gefühl absoluter Befriedigung. Eine sinnvolle und gute Tat für heute, für Sie und den Rest der Menschheit.

Die einfachere Methode geht so

› Legen Sie mehrlagig alte Pappen auf die Stelle, die Sie als Beet umwandeln möchten.
› Füllen Sie frische gute Erde obenauf, und pflanzen Sie Kartoffeln: Stecken Sie durch kleine, in die Pappe gestochene Löcher jeweils eine Kartoffel. Die wachsen auch zwischen alten Rasenwurzeln, während Letztere wegen Lichtmangel absterben.
Nun, das mit der Pappe muss man aushalten können. Das sieht erst mal seltsam aus, man muss viele Fragen beantworten, aber spätestens bei der Kartoffelernte sind alle wieder dabei. Diese Pappegeschichte ist übrigens ein Trick aus der Permakulturszene, der in den entsprechenden Gärten in Andernach, Berlin oder Dortmund ganz selbstverständlich angewendet wird. Einfach, schnell, umweltfreundlich, arbeitssparend.

Die dritte und einfachste Möglichkeit

… die zum Beispiel Sepp Holzer auf seinem Krameterhof anwendet: Er zäunt das Gebiet ein und lässt ein paar Wildschweine darauf. Die produzieren mithilfe ihrer Nasen die beste und lockerste Gartenerde, die man sich vorstellen kann!
In manchen Parks gibt es ja einen Streichelzoo. Mit der Idee und Durchführung landen Sie garantiert im Fernsehen …

City-Bärlauch

Eine Freundin von mir hat an einer Straßenecke am Stadtrand in einem wilden Beet vor ein paar Jahren einen Bärlauch angepflanzt. Ein Bärlauch ist ja nicht gerne allein, und mittlerweile ist die Stelle total überwuchert. Viele Menschen aus der Nachbarschaft kommen hierhin, um sich den Bärlauch zu holen.

Tipp: Nutzen Sie einfach ungepflegte Bereiche. Wo Sträucher wachsen, kann man im Unterwuchs heimlich Kräuter anpflanzen, etwa den in Schatten verliebten Bärlauch. Er mag lockeren, feuchten Boden und gedeiht besonders gut, wenn Sie ihm etwas Buchenlaub aus dem Wald als Mulch mitbringen. Dann fühlt er sich sogar in der City zu Hause.

Bärlauch senkt den Blutdruck, regt die Verdauung an und schmeckt herrlich.
Essbar sind die Blätter, Blüten und Früchte!

Vollwert-Vogelfutter!

An einer wilden Stelle im Hinterhof hatte meine Nachbarin immer die Reste aus ihrem Vogelkäfig ausgekippt. Mit dem Ergebnis, dass wir dort im Herbst herrliches Zeug ernten konnten: **Hirse** in fünf Sorten und **Amaranth**körner, die man aus den roten **Fuchsschwanz**-Blütenständen herausschütteln muss, dazu eine **Weizen**ähre, eine **Hafer**pflanze und andere spannende Kräuter. Ein kleiner Tipp, wenn Ihnen Monokulturen zu langweilig sind. Genauso geeignet sind, aus eigener Erfahrung, Kaninchen- und Rennmausfutter. Ich wollte ja immer schon wissen, wie die an ihr blendendes Aussehen kommen. Es hat auch mit all dem gesunden Vollkorn zu tun! Wieder ein kleiner Schritt zum *Forever young* für uns und hin zur essbaren Stadt. Sollten an der Stelle dann Karnickel auftauchen – kein Wunder.

Spalierobst

Stellen Sie sich vor, Sie gehen durch eine Stadt und können im Herbst an allen Hausfassaden Obst ernten. Wäre das nicht ein Traum? Vielleicht ein Graus für den örtlichen Lebensmittelladen, aber der kann ja immer noch seinen Joghurt verkaufen. Als Spalierobst gerade in den warmen Innenstädten eignet sich alles, was Ihnen einfällt: **Brombeeren, Himbeeren, Weintrauben, Aprikosen, Kiwis, Birnen, Äpfel, Kirschen.** Am häufigsten werden Birnen gepflanzt.

Mit Pflanzgerüsten aus Holz oder Pflanzsystemen aus gespannten Stahlseilen lässt sich jede Art von Fläche begrünen, egal, ob Sie nur einen schmalen Spalt zwischen Fenstern zur Verfügung haben oder eine ganze Fassade oder einen flachen waagerechten Streifen oberhalb der Haustür, einen Carport, eine Garage, eine Fabrikhalle ...

Containergarten in Andernach für alle – mit Kapuzinerkresse, Rosmarin, Minze, Lavendel.

Gärtnern auf Asphalt oder Altlasten

Viele Stellen sind in der Stadt einfach zu nichts mehr zu gebrauchen. Verseucht, aufgegeben … Hier können Sie trotzdem anfangen: mit Hochbeeten und Topfkulturen, Ansaat in Kübeln, Kisten, Mülltüten, Schuhen … Oder mit einem alten Klassiker aus der Permakulturszene: In einer großen stabilen Plastiktüte oder in Autoreifen Kartoffeln ziehen, das ist auch im Hinterhof möglich – oder auf einem verlassenen Parkdeck (St. Pauli, Hamburg) oder in Kisten auf Paletten, die je nach freiem Standort weiterziehen (Prinzessinnengärten Berlin; NeuLand, ein mobiler Gemeinschaftsgarten für Köln). So können auch zwischenzeitlich brachliegende Flächen genutzt werden. Wenn diese wieder bebaut werden, zieht der ganze Garten weiter.

Ein »privateres« Gartenmodell gibt es in der ehemaligen Ermekeilkaserne in Bonn: Hier darf jeder seinen eigenen Gemüsecontainer aus alten Paletten zimmern, für 25 € im Jahr mieten und bepflanzen.

Mittlerweile gibt es dort über 100 Hochbeete, es gibt einen Gießdienst für den Urlaub, Gartengeräte werden gestellt, der Ort wirkt freundlich, grün und einladend.

Neue Bäume? Nur Essbares!

Wenn Sie vorhaben, neue Bäume in Ihren Stadtgarten zu setzen, oder wenn Sie einer Initiative zur Stadtbegrünung angehören, könnten Sie in Zukunft nur noch essbare Bäume pflanzen. Ein gut tragender **Maronenbaum** kann bis zu 100 Kilogramm Maronen im Jahr hervorbringen. In der Stadt eignen sich **Walnussbäume** und **Türkische Haseln,** im Stadtpark eine Obstbaumplantage, die dann von kundigen freiwilligen Helfern gepflegt, beschnitten und beerntet werden kann.

In Ostwestfalen gab es die alte Tradition, dass Bauern an Straßen Obstbäume pflanzten und diese vermieteten. Das war für die Bauern ein kleines Zubrot, für die Dorfbewohner eine Möglichkeit, für wenig Geld an viel Obst zu kommen, und für alle der Vorteil, dass die Pflege dieser Bäume gesichert war. Diese Tradition wird gerade in einigen Städten in NRW wieder neu belebt.

So ein Maronenbaum ist ein echter Schatz, der alle reich beschenkt. Nicht umsonst heißt er auch Edel- oder Esskastanie.

Essbare Stadt: Todmorden – die Bürgergemüsetheke

Haben Sie schon einmal von Todmorden gehört? Nein, nichts Unheimliches. Ein 14 000-Seelen-Städtchen in England, das von der Initiative *Incredible Edible* (englisch: unfassbar essbar) zu einer Gemüse-Selbstversorger-Gemeinde umgewandelt wurde. Sie haben einfach angefangen! Auf öffentlichen Grünflächen wurden zunächst **Himbeersträucher** gepflanzt. Als ein Reporter die Gründerin Mary Clear fragte, ob sie damit möglicherweise gegen das Gesetz verstoße, kam die Antwort: »Können Sie sich vorstellen, dass Sie vor Gericht stehen, weil Sie Himbeersträucher gepflanzt haben?!«

Mittlerweile ist fast jede zur Verfügung stehende Fläche des Städtchens mit Essbarem bepflanzt: Rasenstücke im Park, Flächen neben Mülltonnen, Straßenränder, unbebaute Grundstücke. Ein Beet liegt direkt neben der Bushaltestelle. Die Leute pflücken sich ihr Gemüse und steigen in den Bus. Im Jahre 2015 waren es schon 70 »essbare« Stadtbeete. Da wachsen **Himbeeren, Aprikosen, Äpfel, Johannisbeeren, Erdbeeren, Kirschen, Bohnen, Erbsen, Kartoffeln, Kohl, Karotten, Salat, Zwiebeln** und Kräuter wie **Salbei, Minze, Rosmarin** und **Thymian.**

Es brauchte allerdings etwas Anlaufzeit, bevor die Idee von den Bewohnern der Stadt angenommen wurde. Heute pflanzen, ernten und lieben die Bürger ihre essbare Stadt! Mittlerweile ist das halbe Städtchen an dem Programm beteiligt.

Und wie ist es mit den Hunden? »Wenn Sie einen Grünstreifen, der als Mülleimer und Hundetoilette genutzt wurde, in einen Ort voller Kräuter und Obstbäume verwandeln, werden die Menschen ihn nicht zerstören. Ich denke, wir sind so programmiert, dass wir Nahrung nicht zerstören.« Das sagt Pam Warhust, eine der beiden Begründerinnen der Bewegung.

Im Jahre 2015 erlaubte die Stadt, dass weitere 500 Obstbäume auf städtischen Flächen neu gepflanzt werden. Außerdem stellte sie noch mehr Flächen für den Gemüseanbau bereit.

Friedhofsgemüse!

Die Elterninitiative einer Schule hat sogar einen Friedhof in einen Gemüsegarten umgewandelt. Ein Reporter sagt in einem Youtube-Video darüber: »Das ist der abgefahrenste Ort, an dem ich je Gemüse geerntet habe! Mir gefällt die Vorstellung, das Gemüse von unten zu betrachten, wenn ich nicht mehr auf dieser Welt bin …« Nun, keine Angst, das Gemüse wächst nicht *auf* den Gräbern! Nur dazwischen.

Und ein Prinz!

Sogar Prinz Charles war schon da, und zwar 2010 auf seiner Englandtour für »Start«, einer Initiative zur Förderung nachhaltiger Lebensstile. In der Festrede sagte er: »Die Initiative ›Incredible Edible Todmorden‹ ist inspirierend! Es freut mich sehr, sie auf der Start-Tour als leuchtendes Beispiel dafür herauszustellen, wie jeder Einzelne in der Gemeinschaft andere unterstützen kann, ein nachhaltiges Leben zu führen.«

Sollten Sie es also schaffen, in Ihrer Stadt jede erdenkliche Fläche mit Essbarem zu bepflanzen, werden Sie nicht nur berühmt und satt, Sie können auch noch Ihr Umweltgewissen beruhigen, schließlich irgendwann auf ein erfülltes sinnreiches Leben zurückblicken, Ihren Enkeln, Urenkeln und Ururenkeln (weil Gemüse ja so gesund ist und Sie deshalb steinalt werden) von Ihren Großtaten berichten *und* noch auf den Ritterschlag von Prinz Charles hoffen! Ich jedenfalls würde Sie für den Nobelpreis vorschlagen.

Essbares gratis ernten

Solange wir darauf warten, dass alle Stadtbewohner an der essbaren Stadt mitbauen, können wir erst einmal anderswo Essbares gratis ernten. Wo es aktuell etwas gibt, erfahren Sie unter *www.mundraub.org.*
In ganz Deutschland findet man dort Stellen, wo Obst oder Gemüse, Nussbäume oder Maronen, die der Allgemeinheit zur Verfügung stehen, reiche Ernte liefern.

Pflücken erlaubt! Diese Kirschen reifen für alle am Ruhrtalradweg in Bochum.

Platz schaffen!

Ich stelle fest: Wir brauchen für das Vorhaben Platz! Von dem es in der Stadt einfach nicht genug gibt. Da sind weitere kreative Ideen gefragt.

Gärtnern auf dem Balkon

- In einem riesigen viereckigen Pflanzkasten lässt sich sehr viel mehr unterbringen als in einzelnen runden Töpfen.
- In Regalen lassen sich mehrere Töpfe übereinanderstapeln,
- an Halterungen an der Decke lassen sich Töpfe aufhängen,
- am Geländer könnten Bohnen, Erbsen oder Kiwis ranken.

Auf Dächern und überall

Vielleicht halten auch Garagendächer einige Töpfe aus, bei Neubauten kann man begrünte Dächer mit einplanen. Seien Sie kreativ! Und verwandeln Sie jede ungenutzte Fläche in ein schönes Gemüsebeet.

Auf dem eigenen Acker ernten

Ansonsten gibt es noch die Möglichkeit, sich ein Stück Acker zu mieten, zum Beispiel bei den Münchner Krautgärten. Ein Landwirt stellt Flächen außerhalb der Stadt zur Verfügung, von denen Sie eine Parzelle für ein Jahr mieten können. Der Boden wird von ihm vorbereitet und eingesät, die Pflege, das Ernten und das weitere Anpflanzen erledigt der Mieter. In München gab es im Jahre 2014 schon über 1200 vermietete Parzellen. Das Projekt ist mittlerweile bundesweit in vielen Städten vertreten. Mehr unter *www.meine-ernte.de.*

Essbare Stadt: Andernach – ein Traum!

Bunt und einladend

Andernach ist die berühmteste deutsche »essbare Stadt«, und ich war neugierig, ob sie meiner Vision nahekommt. Mein erster Eindruck dort ist: »Welch hübscher Ort!« Ich als Ruhrpottgewächs bin ja schon begeistert, wenn nicht überall Müll rumliegt und die Rabatten voller bunter Blumen sind! Hier in Andernach ist alles schön und gepflegt, aber zunächst sehe ich nur Blumen, in allen Farben, verschwenderisch üppig bunt, aber noch nichts von der »essbaren Stadt«.

Ein essbarer Marktplatz

Dann aber unverkennbar, in schön mit Holz verkleideten Containern, gut gepflegt und gewässert: Tomaten, Salat, Küchenkräuter, Johannisbeeren auf dem Marktplatz. Die Bäume hier sind von Hochbeeten umgeben, in denen Essbares wächst. Um die Hochbeete verlaufen Bänke. Sie könnten also auf dem schönen Marktplatz in der Sonne sitzen und sich beim Plaudern den Bauch mit Erdbeeren und Johannisbeeren in Reichweite vollschlagen. Ein Traum? Jawohl!

Aber warum sind so viele Beete unbepflanzt? Ich erfahre hinterher den Grund: Beim kommenden Karnevalsfest auf dem Marktplatz stehen die Menschen *in* den Beeten! Daher wird erst hinterher gepflanzt und zwar nur einjährige Kräuter.

Marktplatz in Andernach mit Baumhaseln und Mehlbeeren, deren Früchte man im Herbst ernten kann. Und in den Baumscheiben-Containern wächst Minze für alle.

Bäume für Notzeiten

Die schönen Baumreihen auf dem alten Marktplatz sind in meinen Augen »vorbildlichste essbare Stadt«: einige **Mehlbeerbäume,** die man allerdings nur mit der Leiter abernten kann und deren Bedeutung eher den Menschen aus den Kriegsjahren bekannt ist: Die mehlig süß schmeckenden Beeren können getrocknet und wie Mehl beim Brotbacken verwendet werden. Reihenweise stehen auf dem Marktplatz **Baumhaseln,** die im Herbst massenweise kleine Nüsse abwerfen, die wie Haselnüsse aussehen, aber wie Sonnenblumenkerne schmecken! Yippie! Meine Lieblingsnüsse, viel zarter im Geschmack als die Haselnüsse. Da kann auch die Schule, die sich hier allüberall an dem Projekt beteiligt, zum Nüssesammeln anrücken.

Die alten Stadtmauern: wunderbar!

In der Stadt kann man an vielen Stellen einfach naschen. Hier gilt nicht »Betreten verboten«, sondern »Pflücken erlaubt«. Die große Show befindet sich an der alten Stadtmauer: Davor stehen Spaliere mit **Wein, Kirschen, Kiwis, Brombeeren, Himbeeren …**

Warum Spaliere? Es gibt doch Mauern ohne Ende, um die ganze Stadt herum! Später erfahre ich, warum: Die historischen Stadtmauern dürfen nicht bepflanzt werden, Denkmalschutz. Warum dann nicht an jeder Hauswand? Es gibt doch auch davon genug … Nun, anfangs hatten wohl viele Bürger große Lust, bei all den Aktionen mitzumachen, vor dem eigenen Haus zum Beispiel Trauben naschen zu können, und beteiligten sich in großer Zahl an Pflanzaktionen. Im Jahr zwei und drei danach stellten allerdings viele überrascht fest: »Die wachsen ja …« (Ja, so sind sie, unsere Weinreben) und müssen beschnitten werden.

Da sind viele Weinstöcke leider wieder verschwunden. Dennoch gibt es genug Betonmauern und Brücken, die noch öffentliche Fläche böten. Hier wächst oft flächendeckend die Dreispitzige Jungfernrebe. Sie bietet die Farbenshow im Herbst mit ihren blutrot gefärbten Blättern und passt

Kohl und Bohnen für alle, vor denkmalgeschützter und theatralisch schöner Kulisse.

irgendwie auch zu den historischen Mauern, aber zum Essen? Taugt sie nicht. Stattdessen könnte doch … echter Wein und jedes Spalierobst gepflanzt werden?

Gemüse oder Zierbeet? Eine Gewissensfrage?

Viele bunte Blumenrabatten erfreuen das Auge, in allen Farben! Kann Gemüse *das* auch leisten? Ansichtssache. Ich finde die rot geäderten Blätter von **Mangold** schön, besonders aber Kohlsorten: den **Romanesco** mit seinen spiralförmig angeordneten Röschen, den **Rotkohl** und den **Blumenkohl.** Man könnte doch wie in alten Barockgärten die Kohlsorten schachbrettartig abwechselnd pflanzen, grüne, rote und weiße. Das würde schon fast ein englisches Ambiente schaffen. Oder in Form eines Yin-Yang-Zeichens oder eines Herzens, innen der Rotkohl und als Randlinie außen der **Weißkohl** … Kunst am Beet! Da würden sogar englische Gartendesigner aufmerksam.

Ich liebe auch **Salate** in Rottönen oder die knallroten Blüten von **Bohnen,** ich liebe die Blüten des **Brokkoli** und die gigantisch schönen Blätter und Blütenstände des **Rhabarbers.**

Kennen Sie das alte Lied »Im Märzen der Bauer«? Er freut sich daran, wenn sein Korn gut steht. Das ist für ihn *schön.* Ich finde einen Gemüsegarten schön. Beruhigend, weil essbar. Spannend durch die Formen- und Farbenvielfalt, naschbar samt Kohllaub und Radieschenblättern, samt Möhrenlaub und Salatblüten, samt Radieschenfrüchten und Zwiebelblüten. Nun, vielleicht sind ja irgendwann nicht mehr die Bodendecker in Mode, sondern Gemüse … Im Flyer zur essbaren Stadt Andernach steht: »Nutzpflanzen wie Artischocken, Kartoffeln, Mangold und Grünkohl überzeugen durch ihre Schönheit.« Genau!

Die Kartoffel ist auch als Zierpflanze nicht zu verachten!

Bohnen, Datteln, Kaki!

In der Stadt finde ich mitten auf dem Rasen ein Feld **Stangenbohnen.** Besonders alte Gemüsesorten werden bevorzugt. Das macht neugierig! Das kennen viele nicht. Das will probiert werden.

Hier gibt es unbekannte Sträucher wie **Chinesische Datteln** an der Mauer, davor allgemein Bekanntes wie **Erdbeeren, Himbeeren** und **Brombeeren,** an einigen Stellen **Kartoffeln** und viele **Kohl**sorten. Aber auch zwei **Felsenbirnensträucher** – und die überreifen Beeren liegen alle auf dem Boden. Anscheinend wissen hier weder die Vögel noch die Bürger, dass die Beeren der sogenannten Felsenbirne im Juli eine süße Köstlichkeit liefern und komplett essbar sind, solange man nicht die Samen zerkaut, sondern diese ganz schluckt. Auch eine Marmelade kann man aus den Früchten kochen, wenn man diese durch ein Sieb rührt. Ich schlage mir jedenfalls den Bauch mit Beeren voll.

Ich sehe Sträucher, die bald **Kiwi, Kaki** und **Granatapfel** tragen sollen! Das alles wächst hier?! Nun, Andernach liegt in einer klimatisch sehr

Andernacher Baumscheiben-Version: mit Bank ums Hochbeet, darin Erdbeeren und Salbei.

begünstigten Gegend, einem Weinbaugebiet, und da gedeihen auch allerlei Exotenfrüchte. Wie spannend! Auch **Feigenbäume** wurden in der Stadt gepflanzt. Da braucht man ja nicht mehr ans Mittelmeer zu fahren … Zum Schwimmen geht man einfach nach Maria Laach, an den Laacher See in 15 Kilometern Entfernung.

Und Wildsalat

Auch viele Wildkräuter wachsen auf den Beeten, gut gedüngt, profitierend von der sonstigen Beetpflege. Sie dürfen in meinen Salat und sind wohl ansonsten von den Stadtplanern nicht berücksichtigt und den meisten Bürgern nicht als essbar bekannt: **Melden** mit hohem Vitamin-C-Gehalt, **Vogelmiere** mit dem knackigen Geschmack, **Malven** mit leckeren Blättern und rosa Blüten als saftige Köstlichkeiten!

Kleine Umfrage

Ich frage mal die Passanten: »Ernten Sie hier auch?« »Wie, ich? Nein.« Warum nicht? »Ach, ich kauf meine Sachen im Laden … Ich lass das Gemüse lieber denen, die weniger Geld haben.« Ein anderer: »Oh, ja, die Beeren sind gut! Ich ernte immer hier!« Oder: »Nein, die Beeren sind immer schon alle weg, wenn ich komme …« (Aha!) Oder: »Früchte ja, Gemüse nicht, das müsste man ja kochen!« – »Ich kenn das Projekt gar nicht.« – »Ich ernte hier nicht, ich hab das alles im Garten.« – »Ich bin nicht von hier. Das darf man ernten?! Da muss ich aber gleich mal hin!« – »Das Projekt finde ich toll!« – »Ja, ich würde gerne ernten, traue mich aber nicht, weil ich nicht weiß, was das ist.«

Bei einigen Pflanzen wusste ich es auch nicht. Die Kiwisträucher sind den meisten Menschen noch fremd. Beim genauen Hinschauen sieht man, dass überall kleine Pflanzschildchen dranstehen. Man muss sie allerdings suchen, denn die Pflanzen wissen nicht, dass dort Schilder stehen, und wuchern sie einfach zu!

Apotheke am Zierteich

Ein Zierteich vor der schönen Stadtmauer ist ganz allerliebst von bunten Stauden umgeben. Könnte hier die städtische Apotheke sein? Geplant ist es wohl nicht, aber tatsächlich wächst dort **Blutweiderich** (wundheilend,

Ein kleines Kräuterbeet mitten im Rasen!

Blutweiderich hilft der Wundheilung.

blutungsstillend), **Wasserdost** (Tinktur als dreiwöchige Kur fürs Immunsystem) und **Beifuß** (getrocknet im Schlafkissen, die frischen Blätter zerquetscht zur Wundheilung, einige Blattspitzchen im Essen zur Förderung der Verdauung).

Gewollt ist sicher der **Lavendel:** zum Beruhigen all jener, die vor lauter Begeisterung über diese tolle Stadt allzu aufgeregt sind.

Eine kleine wilde »Wasserapotheke« mitten in der Stadt? Das könnte man ganz einfach an jedem städtischen Teich haben.

Die »Väter der essbaren Stadt«

Ich habe so viele Fragen, dass ich einen der »Väter der essbaren Stadt Andernach« aufsuche, Dr. Lutz Kosack, Landschafts- und Stadtplaner. Ihm und dem Bürgermeister Achim Hütten haben wir diesen essbaren Traum zu verdanken. Nachdem ich meiner großen Begeisterung Ausdruck verliehen habe, ist meine erste Frage: »Die Menge des Angepflanzten würde ja nie für die gesamte Einwohnerschaft reichen, geschweige denn für die vielen Eifeltouristen, oder?«

»Wenn man von 70 m² nötiger Fläche pro Person ausgeht, um sie mit Gemüse zu versorgen, reichen die Flächen für 30 Personen«, sagt Dr. Kosack. Ich kannte es bisher so, dass 1000 m² für die komplette Selbst-

versorgung einer vierköpfigen Familie nötig sind, wenn alles genau durchgeplant wird, die Flächen mehrfach im Jahr nacheinander bepflanzt werden und jeder Baum Speisebaum ist. Nun ja. Auf meinem Gang durch die Stadt hatte ich reichlich geeignete Flächen gesehen, vor weiteren Stadtmauern, in Trögen, an Hauswänden, auf Balkonen.
Dr. Kosack sagt: »Es geht zur Zeit mehr um Erlebnisstationen. Bei den Kräutern nehmen die Leute ein Blättchen, riechen, kosten ...« und finden dieses Erlebnis ganz wunderbar. Weniger wird als Salat mitgenommen. Es ist eine »begreifbare Biodiversität«.
Erlebnisse für die Sinne also – wie herrlich! Das kann ein Supermarkt mit seinen wenigen Einheitssorten wohl kaum noch bieten.

39 Unis!

Das Projekt »Essbare Stadt Andernach« ist im Moment so populär, dass die Stadt schon mit 39 Universitäten und Fachhochschulen zusammenarbeitet. Eine der Zukunftsvisionen ist, dass auch die *Samen* der angebauten Gemüsesorten von den Bürgern geerntet werden sollen! Das habe ich allerdings noch nie gehört. Zukunftsträchtig! Da kriege ich eine Gänsehaut! Alle Welt kann sich hier mit samenfesten, für alle Wetter tauglichen, seltenen Gemüsesorten versorgen und sie in ihren Privatgärten

Wilde Malve: eine Schönheit, die als Hustentee zu gebrauchen ist.

weiter anbauen. Eine revolutionäre Idee! Allerdings wieder mit Arbeit verbunden … und als Idee offenbar bisher noch nicht bei vielen Andernacher Bürgern angekommen.

Das reicht doch nie!

Nun reicht das Gemüse ja nicht für alle. Die Erklärung kommt prompt: »Wir sind ganz am Anfang!« Es geht momentan darum, die Bürger mehr an die Grünflächen und Stadt zu binden, es geht um Pädagogik: Wie sieht Gemüse aus, welche Sorten gibt es, wie wird es »gepflegt«? Ich möchte wissen, warum es nicht noch viel mehr Standorte gibt. »Nun, es gibt viele Meinungen, viele Bedenken, man nennt das Vorgehen Dickbrettbohren …« Und das sei in einer so kleinen Stadt wie Andernach trotzdem immerhin viel leichter als in einer Großstadt. »Hier sind es nur einige Türen weiter bis zum Bürgermeister.«

Es ist also nicht unbedingt die komplette Vollversorgung angestrebt, sondern es geht vielmehr um einen pädagogischen Aspekt. Im Jahr 2015 gab es den Wettbewerb »1 m² Andernach«, bei dem Schüler und Bürger jeweils einen Quadratmeter mit Essbarem bepflanzt haben. Man findet die Zeugnisse überall in der Stadt: Hier hat Jessica gepflanzt! Kartoffeln,

Zucchiniblüten: So manches Gemüse stiehlt Blumen locker die Schau.

Borretschblüten zum Essen. Wann hatten Sie zuletzt etwas Blaues im Salat?

Tomaten, Erdbeeren, Basilikum … Es gibt sogar eine Preisverleihung. Das Projekt soll nämlich noch mehr Bürger einbinden.

Und wenn es in Arbeit ausartet?

Zur essbaren Stadt gehören mittlerweile sogar Schafe, Hühner und Bienenstöcke. In fünf Kilometern Entfernung wird einer der vermutlich schönsten und größten Permakulturgärten Deutschlands betrieben, dessen Produkte in Bioqualität dort und in einem Lebensmittelladen in der Stadt verkauft werden.

Die Bürger finden das alle sehr schön, aber – wie das immer so ist – sobald man *selbst* Arbeit investieren muss, hört es bei vielen auf. Und wer pflegt das alles? Wer baut an, bezahlt die seltenen Sorten, Spaliere, Arbeitskräfte, Planung? Die Stadt. Als Gärtner sind vor allem Langzeitarbeitslose am Werk, auch einige Ehrenamtliche. Es ist nicht so wie bei anderen Projekten, die komplett aus Freiwilligen bestehen. *Hier* ist für eine konsequente, verlässliche Bewirtschaftung gesorgt.

Wer den Bürgermeister, viele Bürger und das Klima auf seiner Seite hat, kann doch von Glück sagen! Eine Stadt, nicht allzu weit weg von meiner Vision der Paradiesstadt!

Meine Vision

Wohltäter

Alles, was Sie denken können, ist auch machbar, nur vielleicht nicht sofort … Ich wünsche mir – und manchmal glaube ich an Wunder –, dass die Anwohner alle Baumscheiben meiner Heimatstadt mit herrlicher Erde versorgt, kleine Holzzäunchen drumherum aufgestellt und herrlichste Wildsalatkräuter eingesät hätten. Daneben stünde jeweils ein Schild: »Bitte bedient euch!« Wäre das nicht wundervoll? Wenn alle Erwachsenen Deutschlands nur *eine* Baumscheibe besäen würden … wären das schon zig Millionen. Oder wenn jedes Kind wie in Andernach nur einen Quadratmeter mit Essbarem bepflanzen würde …

Paradies

Ich könnte mir vorstellen, dass an den Hauswänden Wein hochrankt oder Spalierbirnen und -pfirsiche, die die Wärme in den Innenstädten mögen, und wir dürften einfach die Früchte naschen; beim Spaziergang durch den Park wären Brom-, Him- oder Johannisbeeren zu finden, im Herbst an der Allee Maronen oder Walnüsse, dazwischen Haselnusssträucher – und Rosen zur Ernte einiger Blütenblätter und der Hagebutten im Herbst …

Alle dürfen mitmachen

Für die Verwirklichung dieser Vision müsste man allerdings alle Gartenbesitzer, Stadtbewohner und Hundebesitzer begeistern. Dazu die Stadt

Die Stadt als Paradies! Einfach überall naschen – Johannis-, Aronia-, Erdbeeren …

selbst, das Grünflächenamt, den örtlichen Lions Club, die Schulen und Kindergärten. Dann könnten wir – wie in dem Buch *Ökotopia* von Ernst Callenbach – diese Paradies-Innenstädte schaffen mit Obst und Gemüse am Wegesrand, Igeln, Eichhörnchen und Vögeln im Stadtpark, kleinen Wasserläufen in der Stadt und überall Leckereien zum Naschen.

Glückshormone

Dann räumen vielleicht alle den Müll weg. Es gäbe begrünte Balkone, Baummieterbäume (natürlich was zum Essen) in den Häusern wie bei Hundertwasser, wo für einen Baum extra ein Balkon zur Verfügung steht, total begrünte Häuser mit Weintrauben, Spalierobst allerorten, Parks mit Kohlköpfen zwischen den Großstauden … Die Vorgärten würden einem Dschungel gleichen: Johannisbeersträucher voll behangen mit Früchten, im Unterwuchs Vogelmiere für den Salat, der Carport bewachsen mit Bohnen und Erbsen, blühende Alleen an den Hauptverkehrsstraßen mit Weißdorn für die Bienen … Und all die Schönheit ließe sofort den Glückshormonspiegel steigen.

WILDES STADT-GEMÜSE

Der essbare Rasen

KARNICKELSCHÖNHEIT UND ACHTSAMKEITSMEDITATION

Den Rasen überlassen Sie lieber den Karnickeln? Ich verspreche Ihnen, dass die Karnickel bald nichts mehr zu lachen haben, nachdem Sie dieses Kapitel gelesen haben.

Haben Sie sich schon einmal gefragt, woher diese überaus gesundheitsbewussten Kreaturen ihr glänzendes Fell haben? Ihr ausgesprochen gutes Sehvermögen? Ihre Potenz, Vitalität, Schönheit und Ausdauer? Genau, von Ihrem Rasen.

Rasenschnitt in den Salat?

Sollten Sie nun spontan den Rasenschnitt aus Ihrem Rasenmäher in den Salat geben wollen, muss ich doch kurz bremsen!

Erstens erfüllt Ihr Mäher eventuell nicht die hygienischen Ansprüche einer ordentlichen Küche mit sauber gespülten Messern – es sei denn, Sie reinigen das Schneidwerk vorher gründlich mit »Hygiene-Spüli« und haben keine Erdhügel mitgemäht.

Zweitens befinden sich in der Erde Abermilliarden von Erdgeschöpfen, zum Beispiel Bakterien, Fadenwürmer, Spinnentiere, Asseln, Käfer und Springschwänze. Dazu Hundert- und Tausendfüßer, die aber nur so heißen. Die Sache mit den vielen Füßen ist nicht wahr.

Achtung, Rasen ist nicht immer vegan!

Wenn Sie Veganer sind, geht das also schon mal gar nicht. Für Nichtveganer ist es immerhin eine Möglichkeit. Andernorts auf der Welt oder im Dschungelcamp werden selbstverständlich proteinreiche Tiere wie Larven, Maden etc. mitgegessen. Aber das möchte ich hier eigentlich nicht näher thematisieren.

Die Bakterien zählen übrigens biologisch gesehen zur Flora, die dürften Sie als Veganer also bedenkenlos mitessen.

Da ich als Krankenpflegedozentin auch Hygiene unterrichte, privat aber der Meinung bin, dass gerade die Konfrontation mit dem Feind das Immunsystem schärft, befinde ich mich mit diesem Thema immer auf Messers Schneide. Aber Erde im Salat ist vielleicht doch etwas zu viel des Guten. Außerdem knirscht sie zwischen den Zähnen. Damit können Sie auf keinen Fall die Verwandten überzeugen, denen Sie gerade Ihre exotische Speise zum ersten Mal vorsetzen wollen.

Gras ist für Kühe

Drittens haben Sie im Rasenschnitt alle Kräuter wahllos drin und damit eventuell auch das normalerweise einzige giftige Kraut im Rasen, das Sie auf keinen Fall mitessen dürfen: den Kriechenden Hahnenfuß. Und viel zu viel Gras.

Gras ist für uns extrem schwer verdaubar, gehört also eigentlich nicht in den Salat. Gras ist hauptsächlich für die Kühe erfunden worden und für Golf- und Fußballspieler. Wenn Sie diese heute zu Gast haben, sagen Sie besser nicht, wo Sie die Kräuter herhaben …

Wiesenkräuter schmecken auch ohne Salatsoße – probieren Sie einfach mal!

Achtsamkeitsmeditation

Kurz gesagt: Rasenschnitt gehört auf den Kompost, und Ihre mit Liebe und Sorgfalt gesammelten Rasenkräuter kommen in den Salat. Beim Rasenmähen entgeht einem eben auch das total sinnliche Vergnügen, die Kräuter einzeln zu berühren. Achtsamkeitsmeditation gratis!

Wintervorräte wie früher

Streng genommen können Sie die Rasenkräuter sogar trocknen, für den Winter aufbewahren und dann in die Suppe geben – als Mineralien- und Vitaminlieferant, als Magnesiumgabe nach dem Joggen und zum Einschmeicheln bei Ihren Kaninchen, die Ihnen das Zeug im

Früher fand ich Rasen langweilig. Und heute? Welche Faszination!

Winter gerne aus der Hand fressen werden! Übrigens ernähre ich mich auch im Winter oft noch von fremden Rasen. Gänseblümchen sind zum Beispiel das ganze Jahr vor Ort!
Ich bin den Städten immer auf eine besondere Art dankbar, wenn sie kein Geld mehr für Vertikutierer oder für eine ausführliche Rasenpflege in den Stadtparks haben. So findet man endlich auf ihren Rasenflächen die Kräutervielfalt, die ihnen zusteht, und nicht mehr das Golfspieler-Einheitsgrün, das zwar herrlich aussieht und jedem Ordnungsliebhaber dank seiner Perfektion die Tränen in die Augen treibt, das aber kulinarisch einfach keinen Stern hat! Stattdessen macht sich aufregende Wildnis im Rasen breit, schon mal Keimlinge aus benachbarten Zierbeeten, allerlei Schmackhaftes, Nahrhaftes und Gesundes.

Selbstbewusst bleiben!

Sie haben nur Moosrasen? Das muss Ihnen nicht peinlich sein! Nun, wenn Sie in Begleitung eines Gärtners auf Kräutersuche unterwegs sind oder wenn Sie ihn zum Kaffee auf Ihren eigenen Rasen einladen, könnte es die eine oder andere abfällige Bemerkung geben: »Hier müsstest du aber mal vertikutieren!« Oder: »zu nasser Boden« – »zu verdichtet, zu sauer« – »da müsste man dies und das …«

Bei mir zu Hause reagiere ich da immer ganz gelassen. Ich stelle ein extra schönes Schild hin: »Moosrasen«. Und ich erkläre dem geneigten Betrachter, dass mit diesem Moos meine weiblichen Vorfahren zu Neandertaler-Zeiten ihre Babywindeln und Monatsbinden generiert haben, dass die meisten Moose antibakterielle Eigenschaften haben, dass sie im Gegensatz zu modernen Babywindeln kompostierbar, nachwachsend und frei von Konservierungs-, Bleich- und Farbstoffen sind. Meistens ist nach diesem Vortrag Ruhe.

Bei anderen Gästen sag ich dann schon mal: Den muss ich wenigstens nicht mähen, ist doch energiesparend. *Ich* darf das sagen, da ich auch einmal eine Ausbildung zur Umweltberaterin gemacht habe. In Wahrheit fehlen mir die Schwarzeneggermuskeln, um mit dem handbetriebenen Vertikutierer und Belüfter Abhilfe zu schaffen. Nein, ich will keine motorisierten! Ich bin doch Umweltberaterin! Aber die reine Wahrheit ist: Es ist mir egal. Ich liebe Moos. Und meinen Moosrasen.

Rasen – welche Faszination!

Als ich vor Jahren einmal Hausmeister unterrichten musste mit dem Thema »Perfekte Rasenpflege«, hatten wir ein Lehrbuch, in dem das Kapitel dazu hieß: »Rasen – welche Faszination!?« Ich war damals sprachlos! Ich als Bauerntochter, die eine Wildnis mit Elfenwiesen, Hochstaudenfluren und blumenbunten Wäldern gewöhnt war! Rasen? Artenarme Wüste! Nichts Spannendes! Komplett künstlich! Faszination? Im Leben nicht!

Heute sehe ich das anders: Welche Kräutervielfalt in meinem Rasen! Gewürzblättchen (Schafgarbe), Blüten (Gänseblümchen, Löwenzahn), Anti-Pickel-Kräuter (Ehrenpreise) und ständig nachwachsender Salat!

Sollten Sie nun durch die ständige Eigenernte zu wenig Rasenschnitt für Ihren Komposthaufen haben, von dem Sie ja nächstes Jahr wieder gute Erde für Ihre Beete gewinnen möchten, fragen Sie doch Ihre Nachbarn. Die geben Ihnen ihren Rasenschnitt meist gerne ab. Es sei denn, sie haben dieses Buch gelesen.

MEIN RASENSALAT

Persönlichkeitstest

»Sage mir, welches Kraut du liebst, und ich sage dir, wer du bist!«

Sie essen am liebsten **Gänseblümchen?** Dann lieben Sie Kinder oder Sie sind selbst eins. Oder Sie haben gerade Lust auf die Maximalmenge an B-Vitaminen. Von allen Wildkräutern enthält das Gänseblümchen die meisten: »B« steht nicht nur für *»Brain«*, sondern war auch immer schon für schöne Haut zu empfehlen. Womit wir wieder bei der Schönheit des Karnickels wären.

Sie lieben den **Spitzwegerich?** Dann wollen Sie möglicherweise endlich schöne Haut, Haare und Nägel bekommen, denn der liefert Silizium. Sie lieben **Ehrenpreis?** Dann sind Sie völlig unverpimpelt, was bitteren Geschmack angeht, und die Rezepte mit Löwenzahn erscheinen Ihnen völlig normal.

Oder lieben Sie vielleicht **Vogelmiere** und **Wiesen-Labkraut?** Dann sind Sie eher eine vorsichtige Natur, die mit neutralem Geschmack nichts falsch machen will und sich an den kräftigeren Kräutergeschmack nicht herantraut.

So sieht ein »Salat-Rasen« aus: Schafgarbe, Löwenzahn, Weißklee und Kleine Braunelle.

Für Anfänger und manche Männer ...

Für die Oma, die Gäste und die Kinder empfehle ich gern das neutrale **Wiesen-Labkraut.** Oder auch für den Ehemann, der den Spruch losließ: »Das beste Gemüse ist das, welches man kurz vor dem Essen durch ein Stück Fleisch ersetzt.« Wiesen-Labkraut schmeckt neutral, da kann keiner meckern.

Für den Kindergeburtstag empfehle ich **Gänseblümchen** als Kuchendeko, die probieren bestimmt alle.

Für die Freundin, die zum Detox-Event gekommen ist, darf es auch **Löwenzahn** in großer Menge sein. Wir wissen ja von der Oma, dass nur bittere Medizin hilft.

Für Künstler

Für den Blattsalat ist die Rasenmischung übrigens auch unter künstlerischen Gesichtspunkten interessant. Legen Sie doch einmal folgende Blättchen nebeneinander: Spitzwegerich, Breitwegerich, Schafgarbe, Gänseblümchen, Löwenzahn, Vogelmiere. Und nun schauen Sie sich die Vielfalt der Blätter an. Das steht doch dem Outfit eines Sternesalates mit Lollo Rosso, Eisberg und Rucola in nichts nach!

In den meisten Rasen findet man **Breit-** und **Spitzwegerich, Gänseblümchen, Löwenzahn, Ehrenpreis, Schafgarbe, Hornkraut, Vogelmiere** (am Rand zu den Beeten), **Braunelle** und **Moos.**

Falls Sie gerade keinen Essig zur Hand haben und zufällig zwischen den Pflastersteinen einen **Sauerklee** finden, können Sie diesen als Essigersatz nehmen. Schmeckt köstlich!

Farblich-künstlerisch wohlkomponierte Salattheke: neutral schmeckende Taubnessel und herber Löwenzahn – beide samt Blüten, Blättern und Stängeln salattauglich!

Dortmunder Rasensalat

Zutaten für 4 Personen:

2–3 Handvoll Rasenkräuter

Zutaten für die Honig-Senf-Soße:

30 ml Wasser
15 ml braunen Balsamico-Essig
60 ml Salatöl
1 EL Salatkräuter, z. B. Kräuter der Provence
1 EL Honig
1 EL Senf
1 knapper TL Salz

› Die frisch gesammelten Rasenkräuter sehr fein schneiden.

› Alle Soßenzutaten zusammengeben und mit dem Pürierstab oder der Küchenmaschine mixen, dann über die Rasenkräuter geben. Mit dieser Soße lässt sich jede Art von Kräutersalat gut essen.

Tipps: Wenn Ihnen die Kräuter zu bitter sind, weil vielleicht für Ihren Geschmack zu viel Löwenzahn drin ist, hilft es, die Soße mit Crème fraîche anzureichern.

Sehr gut schmecken im Salat auch Walnusskerne, in der Pfanne kurz angeröstete Pinien- oder Sonnenblumenkerne oder in kleine Stücke geschnittener Schafskäse.

VITAMINDROPS VOM RASEN

Ich weiß, Sie sind schon auf dem Sprung nach draußen, um sich einen Rasensalat zu holen. Für Ihre Gäste, Krautneulinge und Zauderer möchte ich Ihnen zu guter Letzt noch einen wissenschaftlichen Beweis für die exzellente Qualität Ihres Rasensalates liefern. Rasen- und sonstige Wildkräuter sind qualitativ viel besser als Kopfsalat!

Die Daten auf der rechten Seite stammen aus einer ausführlicheren Tabelle aus dem Buch über Urkost von Franz Konz (*Der große Gesundheits-Konz,* Universitas Verlag 2009). Der hat mit wild-grüner Rohkost viele seiner Krankheiten geheilt.

Mineralstoffe, Spurenelemente und mehr

Die Wildkräuter haben noch viele weitere wertvolle Inhaltsstoffe. **Spitz-** und **Breitwegerich** zum Beispiel punkten mit Silizium, einem Nährstoff, der Haut, Haaren und Nägeln zugutekommt und das Immunsystem stärkt. **Löwenzahn** enthält begehrte Spurenelemente wie Kobalt, Kupfer und Molybdän. **Gänseblümchen** und **Vogelmiere** reinigen mit ihren Saponinen (Seifenstoffen) das Bindegewebe, **Rotklee** und **Weißklee** sind eiweißreich.

Alle Inhaltsstoffe aufzuzählen, würde ein ganzes Buch füllen, denn man kennt heute zusätzlich zu den Vitaminen, Mineralien und Spurenelementen über 100 000 sogenannte sekundäre Pflanzenstoffe, von denen viele krebsvorbeugend, entzündungshemmend und immunsystemanregend sind.

Kopfsalat im Vergleich

	Kalzium mg/100 g	Magnesium mg/100 g	Vit. B_1 µg/100 g	Vit. B_2 µg/100 g	Vit. C mg/100 g
Kopfsalat	37	11	62	78	13
Gänseblümchen	190	33	2400	1300	87
Löwenzahn	158	36	200	200	115
Giersch	230	67	400	1600	201
Brennnessel	630	71	110	80	333
Taubnessel	270	33	2000	2700	216
Vogelmiere	80	39	1300	2400	89

Frühling! Meine 10 wichtigsten Salatkräuter im Porträt

GIERSCH IST MEIN LIEBLING

Ach, mein Geliebter! Nicht Mann. Giersch! Nun, das mag Sie zu Anfang wundern, wenn Sie einen Garten haben und das sehr verbreitungsfreudige Kraut bisher der Feind Nr. 1 (neben Schnecken) war. Nachdem Sie dieses Kapitel gelesen haben, werden Sie aber genauso fühlen wie ich. Wappnen Sie sich also schon mal gegen die – je nach Bundesland, in dem Sie leben – feindlichen oder höflich-kritischen Angriffe Ihrer Nachbarn. Die kommen spätestens dann, wenn Sie wie ich Giersch in den Garten pflanzen … und Sie die Segnungen Ihres Bodendeckers verteidigen müssen.

Das Beste am Giersch: Er ist immer da! Anders als manche Männer … Wenn ich vergessen habe einzukaufen, wenn es Sonntag ist und die Läden geschlossen sind – Giersch ist allzeit zur Ernte bereit! Fast das ganze Jahr über. Können Sie das etwa auch von einem normalen Kopfsalat behaupten?

Und wo? In Beeten, am Straßenrand, auf unbebauten Flächen, in städtischen Blumenrabatten, unter Hecken, überall, wo es gut gedüngt ist.

Giersch (Aegopodium podagraria)

Beschreibung: Staude, bis 100 cm hoch; blüht von Mai bis August mit weißen Doldenblüten; typisch dreigeteiltes Blatt, dreieckige Blattstiele, die nach Sellerie duften und schmecken; flächendeckende Ausbreitung.

Vorkommen: Straßen- und Wegränder, Gärten, Parks, Wälder, an gut gedüngten Stellen.

In der Küche: Roh oder gekocht; Blätter, Blattstiele und Blüten essbar.

In der Hausapotheke: Die Blätter – als Tee oder im Salat – regen die Nierentätigkeit und die Ausscheidung von Harnsäure an und helfen damit gegen Gicht. Auch äußerlich als Blattumschlag ist Giersch auf schmerzenden Gichtstellen wirksam.

Engländer sind eben so

Die Engländer verstehen mich in dieser Hinsicht besser, haben sie doch den panaschierten Giersch erfunden, mit malerisch weiß-grün gemusterten Blättern, als Unterpflanzung zu ihren bunten, auffälligen Großstaudenbeeten. Als wartungsfreier Bodendecker kommt er garantiert immer wieder, auch ohne Düngung, Zuspruch oder Liebesbekundungen. Ja, er vermehrt sich sogar so schnell, dass Sie all Ihren Nachbarn als Anti-Aging-Liebesdienst noch etwas abgeben können: Er erobert ungebremst pro Jahr mindestens einen neuen Quadratmeter; wenn Sie ihm noch mehr Liebe geben, auch bis zu vier Quadratmeter.

Bei mir wird er durch den Rasen begrenzt, der regelmäßig im Salat landet oder gemäht wird. Das hält ihn in Schach. Denn die anderen Kräuter in meinem Garten hab ich ja auch lieb und muss ihren Raum verteidigen. Sollten Sie trotzdem Angst vor Giersch haben, aber nach dem ersten Probieren der würzigen Blattstiele nun doch Lust auf dieses Gourmetgemüse im Garten bekommen, pflanzen Sie ihn in einen großen Pflanzkasten oder vor dem Haus an den Straßenrand. Da fällt es auch keinem auf. Sie können ja nachts heimlich ernten. Über Kompostgaben freut er sich besonders.

Die Blätter schmecken würzig, die weißen Doldenblüten saftig-süßlich. Auch sind sie als Salatdeko zu gebrauchen. Weiß! Kann diese Unschuldsfarbe Sünde sein?!

Der Ziegenfuß! Trotzdem vegetarisch

Nehmen Sie einmal ein Blättchen in die Hand, das Sie komplett mit dem langen Stiel abgepflückt haben, und schauen Sie sich die Stielbasis an: Da ist eine merkwürdige Aufwölbung an der Basis. Könnte das ein

Gierschs Ziegenfuß: Ich esse ihn täglich, weil mein Fuß so nicht aussehen soll!

»Ziegenfuß« sein? Davon hat der Giersch jedenfalls seinen botanischen Namen, und dagegen hilft er auch, nicht der Ziege, sondern uns: Es geht um den »Ziegenfuß« oder »Gichtzeh«, die schmerzhafte Podagra, die man bekommt, wenn man eine Veranlagung dazu hat oder wenn man mit zu viel Fett, Fleisch, Alkohol gesündigt hat. Da kommt der Giersch als Tee, Gemüse, Smoothie oder als Salatzutat gerade recht. Ich esse ihn auch ohne Gichtzeh.

Probieren Sie also unbedingt einmal die Blattstiele! Die sind übrigens im Querschnitt dreieckig. Moment! Eine heilige Zahl? Die 3 hatten wir doch schon bei den Blättern des Giersch, die aus drei Einzelteilen zusammengesetzt sind.

Gourmet-Geschmack!

Beim Genießen der saftigen Blattstiele wird Ihnen sicher sofort klar, welches Gourmetgemüse sein nächster Verwandter ist: der Staudensellerie. Und ebenso lässt er sich essen, zum Beispiel in der Pfanne gebraten mit Zwiebeln und Knoblauch oder in den Smoothie gemixt als ständige Vorbeugung gegen Gicht, als Frühlings-, Sommer- oder Herbstkraut im Salat oder in der Gemüsesuppe.

Bedenken Sie auch, dass jedes Grünzeug Magnesium enthält, als Zentralatom des grünen Blattfarbstoffes. Magnesium wirkt ja bekanntlich bei 350 Stoffwechselreaktionen in unserem Körper mit und hilft auch gegen Stress, den Sie vielleicht haben, wenn die Nachbarn zur Gartenparty bei Ihnen eingeladen sind und Ihnen ein Unkrautvernichtungsmittel als Geschenk mitbringen …

Asterix und Co.

Sie können mit Giersch auch ein Gewürz selbst machen. Trocknen Sie Gierschblätter, zerrebeln Sie sie und benutzen Sie diese dann einfach wie Petersilie!

Schon die alten Römer kannten den Giersch. Erinnern Sie sich an Asterix und Obelix? In den Geschichten waren sowohl die Gallier als auch die Römer ein lebenslustiges Völkchen, das keine Scheu vor Riesenmahlzeiten hatte: mit allerlei Fleisch, Weib, Wein und Gesang, wobei Fleisch und Wein dem einen oder anderen die Gicht bescherten. Und dann musste am nächsten Tag der Römerspinat her!

Eine Freundin erzählte mir, sie hätte einen Schrebergarten übernommen, wo flächendeckend Giersch wuchs. Nach der Vorfreude auf die Gemüsepfanne kam der Schreck. Ist das erlaubt? Giersch gießen, lieben und züchten?! Obwohl er aus jedem Wurzelstückchen neu austreibt?! Ich zitiere mal eben Marietta P. aus meinem Kräuterkurs: »Am leckersten sind übrigens die ganz jungen Wurzelaustriebe!« Sollte Ihnen also im Schrebergarten jemand mit einer Bemerkung kommen wie: »Machen Sie das mal weg, das wächst ja zu mir rüber!«, dann laden Sie ihn oder sie doch zu einer Römerspinatpfanne ein. Mit Blättern, Blüten und jungen Wurzeln. Aber sagen Sie erst hinterher, was drin war …

Römerspinat

Zutaten für 4 Personen:

4 Handvoll Gierschblätter plus Blattstiele
3 Knoblauchzehen
1 Zwiebel
2 EL Öl
Salz
frisch gemahlener Pfeffer
Paprikapulver

› Die Gierschblätter zerkleinern, Blattstiele in circa 1 cm lange Stückchen schneiden. Die Knoblauchzehen und die Zwiebel fein hacken.
› Erst die Gierschblätter in dem Öl in der Pfanne 10 Minuten lang andünsten, dann die Knoblauch- und Zwiebelstückchen noch einige Minuten mitdünsten. Mit Salz, Pfeffer und Paprikapulver würzen.

Tipp: Schmeckt gut zu Kartoffeln oder auf Brot.
Der »Schrumpfeffekt« kommt Ihnen sicher bekannt vor, zum Beispiel vom Spinat: Nach einer Minute ist die Hälfte des ursprünglichen Volumens verschwunden. Seien Sie also dankbar, dass das unentwegt nachwachsende Dauergemüse immer in großer Menge vor Ort ist.

KNOBLAUCHSRAUKE: BEI »DSDS DER KRÄUTER« DIE NR. 1!

Unschuldsfarbe

Die Knoblauchsrauke beschert uns den herrlichen, senfigen Knoblauchgeschmack, nachdem der Bärlauch im Mai von der Bildfläche verschwunden ist. Genauso weiß blühend wie sein Geschmacksvetter Bärlauch, zeigt sie schon mit dieser Unschuldsfarbe, welche Reinigungskraft sie hat! Senfölglykoside regen Leber und Nieren an und wirken entschlackend. Da schwinden auch die letzten Schokoladennikoläuse, die noch von Weihnachten vielleicht nicht nur auf meinen, sondern auch auf Ihren Rippen sitzen.

Superstar des Kräutergeschmacks

Knoblauchsrauke schmeckt wirklich allen! Bei meinen unzähligen Geschmacksrankings, die meine Käuterkursteilnehmer über sich ergehen lassen mussten, habe ich immer wieder die Knoblauchsrauke angeboten. Daneben neun andere Kräuter mit der Frage: »Welches schmeckt am besten?«

Die Knoblauchsrauke war unangefochten immer unter den Stars. Für mich heißt sie zukünftig *winner of delicious wild herbs,* das klingt gleich viel professioneller. So auch für die Tante, die nichts von Wildkräutern hält, und für Gourmets, denen man das einmal als exotisches Fünf-Sterne-Kraut vorsetzen könnte.

Einen Vorteil gegenüber dem Bärlauch hat unser Liebling auch: Sie müssen hier nicht – wie beim Bärlauch – alle, die Sie zukünftig noch

Knoblauchsrauke (Alliaria petiolata)

Beschreibung: Bis 100 cm hohe Staude; weiße Blüten mit vier Blütenblättern; große Grundblätter, rundlich bis nierenförmig mit gekerbtem Rand, Stängelblätter spitzer, eher herzförmig und mit gesägtem Rand; charakteristischer Knoblauchgeruch und -geschmack.

Vorkommen: Straßen- und Wegränder, Gärten, Parks, unter Hecken.

In der Küche: Roh zu Salaten als Salatkraut oder Gewürz; am besten schmecken die ersten Blättchen vor der Blüte im Frühjahr.

In der Hausapotheke: Harntreibend, als Frühjahrskur zu gebrauchen, abwehrstärkend; gequetschte Blätter als Auflage auf Insektenstichen lindern den Juckreiz.

Pesto aus Knoblauchsrauke eignet sich als Brotaufstrich oder passt zu Nudeln und ist ein originelles und beliebtes Geschenk.

küssen möchten, mit durchfüttern. Nach Knoblauchsraukengenuss stinken Sie *nicht* aus allen Poren. Dafür senkt diese Rauke aber auch nicht (wie der Bärlauch) den Blutdruck.

»Rauke«?

Und nun wundern Sie sich nicht mehr über die »Rauke«, oder? Denn jetzt ist Ihnen völlig klar, dass dies die Hommage an eine wilde, unersättlich weiterwachsende, gratis für uns sich als Geschenk darbietende Verwandte des Rucola (zu Deutsch Rauke) ist!

Wildkräuterpesto mit Knoblauchsrauke

Zutaten:

100 g Wildkräuter: junge Knoblauchsraukenblätter, Gierschblätter und -blattstiele, nach Belieben weitere Kräuter
4 Knoblauchzehen
75 g Pinienkerne oder Cashewnüsse oder Walnüsse
250 ml Olivenöl, optimalerweise kalt gepresst
100 g Parmesan, fein gerieben

› Die Kräuter gründlich waschen. Von der Knoblauchsrauke nur die Blätter nehmen, vom Giersch auch die Stängel. Alle Blätter sehr fein hacken, die Stängel wie Schnittlauch fein schneiden. Knoblauch abziehen und durch die Knoblauchpresse drücken.

› Die Pinienkerne, Cashewnüsse oder Walnüsse in der Pfanne mit sehr wenig Öl leicht anbräunen und fein hacken.

› Alle Zutaten mit dem Parmesan vermischen, dann einen Teil des Öls unterrühren. In ein sauberes Schraubdeckelglas füllen und mit dem übrigen Öl bedecken. Die Kräuter dürfen nicht aus dem Öl gucken! Am besten füllt man das Öl bis zum Deckelrand auf, so hält sich das Wildkräuterpesto am längsten.

› Ungeöffnet und gekühlt circa ein Jahr haltbar.

RHABARBER FÜR ALLE ODER: JAPANISCHER STAUDENKNÖTERICH

Mosel-Rhabarber

Ich selbst habe ihn Ruhr-Rhabarber getauft, neulich bei einer Kräutertour nannte ihn ein weit gereister Gast »Mosel-Rhabarber«. Mittlerweile ist er aber auch schon als Ems-, Rhein-, Wupper- oder Donau-Rhabarber bekannt, dabei kommt er in Wahrheit gar nicht aus Deutschland. Seine wahre Natur ist asiatisch: der Japanische Staudenknöterich. Ein Schätzchen mit Migrationshintergrund, welches gut in unsere Großstädte passt – mit einem Ausbreitungs- und Wuchsdrang, der seinesgleichen sucht. Aus jedem kleinen Wurzelbruchstück sprießt gleich ein Riesenbestand, der im Frühjahr wie Rhabarber gratis von allen geerntet werden will!

Sollten Sie dazu Wikipedia konsultieren, ignorieren Sie die Kapitel über Roundup & Co. Die Vernichtungsexperten wissen weder etwas über den delikaten Geschmack noch über die Heilkraft dieses Knöterichs! Für sie ist er ein Eindringling, der bekämpft werden muss. Vielleicht steckt aber auch Monsanto dahinter …

In China ein Gourmetkraut!

In China und Japan kennt man die Vorzüge des Staudenknöterichs sehr wohl. Er ist verwandt mit unserem Rhabarber und Sauerampfer, und so schmecken auch die frischen Stängel im Frühjahr, roh oder gekocht, süß oder salzig. Kosten Sie einfach mal!

Japanischer Staudenknöterich (Reynoutria japonica)

Beschreibung: Staude, bis zu 3 m hoch, in großen Beständen; mit bambusähnlichen Stängeln, diese bis 3 cm dick, rot überlaufen, mit Knoten; weiße Blüten im Herbst; Blätter breit eiförmig, am Grund fast wie mit dem Lineal gerade abgeschnitten.

Vorkommen: Straßen- und Wegränder, Ufer, Schuttplätze – und immer in Massenbeständen an einer Stelle.

In der Küche: Im Frühjahr zarte junge Stängelstücke ohne Knoten roh knabbern oder wie Rhabarber kochen, roh auf Kuchen oder Süßspeisen. Blanchierte Stängelstücke als Gemüse oder auf Pizza.

In der Hausapotheke: Ein Absud aus der Wurzel (Seite 98) wirkt entzündungshemmend, krebsvorbeugend und blutdrucksenkend, äußerlich wie innerlich gegen Bakterien, Viren und Pilze.

Köstlich im Frühjahr: Für das Ruhr-Rhabarber-Kompott werden die saftigen Stängelstücke des Staudenknöterichs in millimeterdicke Ringlein geschnitten.

Ich habe einmal für einen Reporter vom Deutschlandfunk eine Torte damit gebacken. Er liebte sie sofort, war völlig begeistert und machte gleich eine Riesenreportage darüber.

Genug für alle

Die dicken Stängelstücke können auch halbiert, mit Schafskäse gefüllt und kurz überbacken werden. Eine Geschmacksmischung aus chinesisch (saures Gemüse) und griechisch. Und wieder mal ein völkerverbindendes Multi-Kulti-Rezept. Genau wie die Atmosphäre in unseren Städten. Und das Beste? Es ist genug für alle da, und mit dem Abernten tun Sie noch eine gute Tat! Denn sonst überwuchert der Straßenrhabarber vielleicht doch noch das ganze Land.

Varianten von Staudenknöterich

Nur junge, saftige Stängel verwenden! Ganz zart sind sie bis Mai/Juni, danach auch noch, wenn sie nach dem Mähen und einem Regen wieder neu austreiben. Die Knoten sollten Sie rausschneiden, denn die werden nicht so weich.

Die Stängelstücke in 2 mm breite Ringlein schneiden und …
> roh essen oder auf Kuchen und Süßspeisen geben.
> in 7 Minuten zu Kompott oder in 12 Minuten zu Mus kochen. Eine zart-saure Köstlichkeit, ähnlich wie Rhabarber, aber nicht gar so sauer.
> 1 Minute lang blanchieren und mit Zwiebeln und Salz wie Gemüse in der Pfanne zubereiten oder auf die Pizza legen.

> Oder dicke Stängelstücke halbieren, mit Schafskäse füllen und kurz im Backofen überbacken.

Tipp: Sie wollen die Delikatesse auch im Herbst genießen? Einfach im Frühjahr einmachen: Frische Stängelstücke kurz in Wasser aufkochen und mit dem Kochwasser in heiß ausgespülte Schraubdeckelgläser geben, diese randhoch füllen, fest zuschrauben und zunächst umgekehrt hinstellen. So hält sich der – jetzt an Spargel erinnernde – Knöterich mehrere Monate und schmeckt als Pizzabelag oder im Gemüseeintopf.

Wichtig: Pflanzen Sie den Staudenknöterich niemals in den eigenen Garten! Den werden Sie nie mehr los!

Hast du Töne?!

Ab Mai können Sie die Stängelstücke zu Bienenhotels verbauen – übrigens auch eine sinnvolle Tat in der zukünftigen essbaren Stadt!
Oder Sie schnitzen Flöten daraus. Dazu wird jeweils unter einem Knoten mit einer scharfen Rosenschere ein gerader Schnitt gemacht. Dann blasen Sie wie in eine Bierflasche hinein: der Star für jede Kinderparty! Die langen Flöten eignen sich zum Einleiten der Morgenmeditation mit sonorem tiefem Klang (Schiffshorn), die kurzen eher für ein fröhliches Liedchen (Typ Hundepfeife).

Knöterich-Wundermedizin

So bereiten Sie einen Absud zu, der entzündungshemmend, krebsvorbeugend und blutdrucksenkend wirkt und äußerlich wie innerlich gegen Bakterien, Viren und Pilze wirksam ist:

› Wurzeln (Rhizome) seitlich der großen Staude ausgraben, kurz in Wasser einweichen, damit sich die Erde löst, mit einer Bürste abschrubben und in kleine Stückchen schneiden. Bei Zimmertemperatur einige Tage trocknen und dann in Schraubdeckelgläsern aufbewahren.

› Für den Absud jeweils eine kleine Menge Wurzeln in der Kaffeemühle fein mahlen. 1 Teelöffel Pulver pro 200 ml Wasser bei geschlossenem Deckel 20 Minuten kochen und dann durch einen Kaffeefilter geben. Bis zu drei Tassen über den Tag verteilt trinken.

Dieser Absud hat solche Heilkräfte, dass er zu den beliebtesten Heilmitteln der traditionellen chinesischen Medizin gehört. (Mehr dazu bei Wolf-Dieter Storl: *Wandernde Pflanzen,* AT-Verlag 2012.)

FOREVER SCHÖN MIT DER »STADTKLETTE«: KLETTEN-LABKRAUT

Unschuldig, aber anhänglich

Mein Lieblingskraut dürfen Sie nicht mit der Klette verwechseln. Die ist viel größer und mit ihren bis zu 30 cm langen Blättern eher als Toilettenpapier zu gebrauchen als für den Salat. Ich rede hier vom rankenden, zarten Kletten-Labkraut, das sich mit Kletthaaren überall anschmiegt. Es sieht ähnlich aus wie Waldmeister, mit winzigen weißen Blüten. Um die Blüte zu entdecken, brauchen Sie Ihre Lesebrille. Oder fragen Sie Kinder, die haben bessere Augen. Oder nehmen Sie eine starke Lupe mit und betrachten Sie so die vier winzigen Blütenblättchen in der Unschuldsfarbe Weiß. Kein Wunder, dass beim Genuss Ihr Inneres reinlichst sauber wird und die Pickel sich davonmachen!

Kletten-Labkraut – mit Liebe betrachtet eine Schönheit, oder?!

Einfach praktisch – und fürs Selbstbewusstsein

»Aber das klettet doch so!«, sagen meine Kursteilnehmer dann immer. Ich nenne Ihnen den ultimativen Vorteil: Beim Gänseblümchenblätter-Pflücken müssen Sie jedes Blättchen einzeln zupfen und – wenn Sie mittags einen Salat für eine Person machen wollen – dafür einen ganzen Vormittag einplanen. Hier haben Sie mit einem Griff zehn Pflanzen komplett in der Hand. Und einen Sammelkorb brauchen Sie auch nicht. Kleben Sie sich das Zeug einfach an die Jacke. Und wenn einer komisch guckt? Betrachten Sie es als eine Übung zur Stärkung des Selbstbewusstseins. Oder nehmen Sie es – statt Hund – als Kommunikationsmittel, um mit dem nächsten Passanten ins Gespräch zu kommen. Vielleicht lernen Sie dabei noch Ihren Traumpartner kennen!

Ein Kraut für alle Fälle

Es gibt einen weiteren Grund, warum ich dieses unscheinbare Kraut so liebe. Mit seiner Hilfe sind Sie vor allen Krankheiten gefeit. Das weiß ich übrigens erst seit meiner Ausbildung zur Kräuterfachfrau.

Die bekannte Dortmunder Heilpflanzenschule PhytAro schreibt in ihrem Skript über das Kraut: »Wurde seit jeher gegen Hautkrankheiten eingesetzt. Im frischen Kraut sind krebsfeindliche Substanzen. Stärkt und stimuliert das Immunsystem. Es ist ein Heilmittel gegen langwierige Virusinfektionen, gegen extreme Mattigkeit nach schweren Krankheiten. Es ist ein Diuretikum und lässt sich auch gegen Prostataentzündung verwenden.«

Ein Diuretikum? Ist das etwas Gefährliches?! Nein! Es treibt den Harn und damit die Gifte raus. Ein Salatkraut, das gleichzeitig die Universalapotheke ist? Und viel besser schmeckt als bittere Tinkturen? Genial!

Kletten-Labkraut (Galium aparine)

Beschreibung: Klettet aneinander und an anderen Pflanzen, bis 2 m lang, oft in Massenbeständen; vierkantiger Stängel, Blätter daran quirlförmig angeordnet; winzige weiße Blüten mit vier Blütenblättern; klettende Früchte kugelförmig, circa 3 mm Durchmesser, jeweils zu zweit.

Vorkommen: Unkrautbestände, Heckenränder, Waldränder, Ufer, Schuttstellen; verbreitet.

In der Küche: Ganze Pflanze in den Salat, wegen des »Klettens« aber ganz klein geschnitten. Reife Samen als Kaffee-Ersatz trocknen, rösten und mahlen. Unser Schatz ist tatsächlich mit dem Kaffee nahe verwandt!

In der Hausapotheke: Hilft gegen Pickel und Schuppenflechte, dafür regelmäßig Tee trinken und Kompressen aus gequetschtem Kraut auflegen. Stärkt das Immunsystem und wirkt harntreibend (diuretisch).

Blendendes Aussehen

Falls Sie nicht genug Kletten-Labkraut im eigenen Garten oder im Stadtpark finden, fragen Sie doch die Nachbarn, ob bei ihnen noch etwas in der Hecke klettert. Die werden es Ihnen gerne überlassen, denn nur die wenigsten Zeitgenossen wissen um die zauberhaften Eigenschaften unseres Schätzchens. Ihre Nachbarn werden Sie aber spätestens nach ein paar Wochen fragen, warum Sie plötzlich so blendend aussehen. Wenn Sie nun die Wahrheit sagen, ist es natürlich vorbei mit der Labkraut-Quelle des Nachbarn. Vielleicht entwickelt sich aus dem Gespräch aber auch eine lebenslange Freundschaft oder eine Verabredung zu einem Detox-Tag.

Schmuckschatulle

Die Samen sind auch als Brosche zu gebrauchen. Nie war Schmuck zu designen so einfach wie heute – und so ökologisch: kein Plastikmüll von modisch überholten Broschen mit chinesischen Schwermetallresten, stattdessen kompostierbares Material in angesagtem Apfelgrün!
Sollten Sie beim Date mit Ihrem Liebsten oder Ihrem Vorgesetzten in der Aufregung vorher allen Schmuck vergessen haben: Hier wird Ihnen geholfen! Nehmen Sie die kleinen Früchte und kleben Sie sie an die Kleidung. Nein, nicht das ganze Kraut, das trägt zu sehr auf! Es sei denn, Sie wollen auffallen. Nur die kleinen, runden, einzelnen Früchtchen meine ich, passend zum Anlass: Formen Sie bei einem Liebes-Rendezvous ein Herz oder ganz intim den Vornamen des Angebeteten, bei einer Friedensdemo ein Peace-Zeichen, vor dem Meditieren ein Om-Zeichen. Mit dem Vorteil, dass man das Zeug nicht wie beim Tätowieren mit teuren Laserbehandlungen wieder entfernen muss …

Küchenmeditation

Wie viele Anwendungen waren das? Jetzt kommt allerdings noch die ultimative, mit der ich mich demnächst auch als Lebensberaterin rühmen darf: Schneiden Sie das Kraut, weil es ja so klettet, klein wie Schnittlauch. Hier haben wir nicht die Meditation »Zen in der Kunst des Bogenschießens«, sondern Zen in der Kunst des Kletten-Labkraut-Schneidens. Sagte ich es nicht schon? Natur macht gesund.

Die Krautgurke

Und jetzt noch einen Gurkensaft ganz ohne Gurke! Mit einem städtischen Unkraut. Ohne Spritzmittel, weite Transportwege, Plastikhülle.

› Nehmen Sie (Sie wissen schon, mit nur einem Griff) ein Knäuel frisches Kletten-Labkraut und geben Sie es in eine Glaskanne. Sie dürfen die ruhig dicht vollstopfen, auch das Kraut vorher etwas quetschen.

› Dann gießen Sie mit Wasser auf, lassen das Ganze rund drei Stunden stehen – und genießen das aromatische Wasser wie Gurkensaft.

Schmeckt erfrischend im heißen Sommer, entschlackt und macht weniger Arbeit als die Gurkenscheiben auf den Augen. Noch ein Unterschied: Gurkenscheiben auf den Augen sind nicht so harntreibend …

Kletten-Labkraut-Wasser schmeckt grün-gurkig-erfrischend und befreit von allen Pickeln.

Gemüsetheke für die Pfanne: Brennnesseln und Kletten-Labkraut in trauter Zweisamkeit. Dazu passen einige der obersten, eingerollten Spitzchen vom Adlerfarn (links vorn).

Und noch ein Tipp von einem bekannten Outdoor-Spezialisten: Sie können das Kletten-Labkraut auch als Deo nehmen. Wenn das Wasser mal wieder zu kalt war, Saft aus dem Kraut quetschen und unter die Achseln reiben.

Ernten Sie ganz ungeniert!

Nach diesen Lobeshymnen hoffe ich, dass das Kletten-Labkraut nicht irgendwann auf der Roten Liste der gefährdeten Arten stehen wird. Bauen Sie es also ruhig im Garten an oder als Guerilla-Gärtner auch auf allen städtischen Brachflächen. Das fällt mit Sicherheit keinem auf. Dann haben Sie immer eins vor Ort.

Und wenn ganz Deutschland endlich den Wert dieses besonderen Juwels erkannt hat, wird das Kletten-Labkraut hoffentlich bald mit dem Titel der »Pflanze des Jahres« geehrt!

»PISSENLIT« ODER AUCH: LÖWENZAHN

Demut und Hochachtung

Auch wenn Ihnen der Name zu vornehm und das Gewächs zu gewöhnlich vorkommt, möchte ich Sie bitten, den Löwenzahn niemals zu unterschätzen! Ihnen ist womöglich noch nicht die immense weltgeschichtliche Bedeutung, die kulturhistorische und für Sie möglicherweise lebensverändernde Wirkung bekannt. In wenigen Minuten wird sich das geändert haben, und Sie werden unseren Schatz mit Verehrung, Demut und Hochachtung betrachten, für ihn Werbeslogans und Flyer gestalten und Ihre neuen Erkenntnisse bei Facebook, Twitter und Instagram teilen.

Vielleicht bekommen Sie auch ernsthaften Stress mit Ihrer Familie, weil Sie nichts anderes mehr essen wollen.

Ein wahrer Schatz

Seinen französischen Namen »Pissenlit« habe ich vorangestellt, weil Sie den Löwenzahn damit Ihren Wildsalat-Neulingen als vornehme französische Speise anpreisen können. Allerdings bedeutet das zu Deutsch »Bettpisser«. Das heißt jedoch nicht, dass Sie davon inkontinent werden, sondern dass er auf ordentliche, medizinisch korrekte Weise die Harnausscheidung anregt. Seine Blütenfarbe sagt es schon: Er ist für kerngesunden Urin zuständig. Diese Art der Entgiftung kann niemals schaden, zumal wir alle täglich unweigerlich ein paar Pestizide oder sonstige ungute Dinge mitessen.

Löwenzahn ist ein von vielen noch immer völlig unterschätzter Sonnenschein.

Seine weiteren Heilwirkungen sind so mannigfaltig, dass der Begründer der Makrobiotik, Michio Kushi, bei einem Besuch in Deutschland begeistert ausrief: »Ein Land, wo Löwenzahn wächst, braucht keinen Ginseng einzuführen!« Mittlerweile gilt die Löwenzahnwurzel als der Ginseng der westlichen Welt.

Auch auf der Veggie-Messe

Als ich auf der letzten Veggiemesse unterwegs war, begegnete mir der Löwenzahn auch dort: getrocknet als Pulver, praktisch, aber alles andere als preiswert. So hoch ist seine Bedeutung mittlerweile! Das hätten Sie nicht gedacht? Dann fahren Sie nur einmal nach Mallorca und besuchen Sie den botanischen Garten von Sóller. Da steht er! Etwas verschrumpelt, mit einem Schild! Im Heilpflanzenbeet. Ein einziger!

Genug der Einführung. Sollte das Buch ein Bestseller werden, wird der Löwenzahn in der Stadt wohl bald zu den gefährdeten Pflanzen zählen.

Löwenzahn (Taraxacum officinale)

Beschreibung: Blattrosette aus gezähnten Blättern; darin einzelne Blütenstängel, die keine Blätter tragen, mit gelben Körbchen, 2,5-5 cm breit; Pflanze mit Milchsaft, besonders im Blütenstängel.

Vorkommen: Wiesen, Weiden, Rasen, Wegränder, häufig und variabel.

In der Küche: Ganze Pflanze essbar, roh oder gekocht, Wurzeln in den Salat raspeln oder braten, Blätter in Smoothie oder Salat, Blüten zerzupft über alle Speisen als Deko, Blütenstängel oder Wurzel kauen.

In der Hausapotheke: Bittere Blätter als Frühlingskur, ganze Pflanze reich an Mineralien und Spurenelementen, Wurzel gilt als Ginsengersatz. Tee und Salat aus ganzer Pflanze harntreibend und förderlich für Leber- und Gallefunktion, nach neuesten Forschungen krebsbekämpfend.

Verheißungen

Ich erzähle Ihnen ein paar Wunderdinge. Wegen des bitteren Geschmacks, der nicht jedermanns Sache ist, muss ich vielleicht noch etwas für Ihre Motivation tun. Besonders für die Menschen, die bisher nie etwas anderes als aromafreien Eisbergsalat auf dem Teller hatten. Seine Bedeutung in früheren Zeiten war so groß, dass er 500 Volksnamen hat, darunter so herrliche wie Elfenlampe, Lichtblume, Sonnenwirbel, Sauschnauze, Eierblümel, Nachtlichterl …

Was tut er nun für uns?

Mit seiner Wurzel, die bis in sechs Meter Tiefe reichen kann, holt er die Mineralien aus dem Untergrund, die wir alle gerne als Spurenelemente auf dem Teller hätten: Kalium, Silizium, Mangan, Molybdän, Kupfer, Kobalt ... Nein, das sind keine Schwermetalle! Das sind segensreiche Stoffe, die in unserem Stoffwechsel eine wichtige Rolle spielen!

Kalium ist (unter anderem) beteiligt an der Regulation des Blutdrucks. Silizium möchten wir alle gerne für den Aufbau von Haut, Haaren und Nägeln haben, außerdem stärkt es das Immunsystem. Mangan ist unter anderem für den Insulin-Stoffwechsel wichtig. Daher ist Löwenzahn für Diabetiker ein Supergemüse. Molybdän hilft, die Harnsäure abzubauen, daher für Gichtpatienten eine Supermahlzeit, außerdem ist es für die Potenz wichtig. Das müssen *Sie* nun entscheiden.

Wenn Sie ewige Enthaltsamkeit üben wollen, empfehle ich Ihnen *nicht* den Löwenzahn, sondern den früher in Klöstern üblichen Seerosenwurzeltee zur Abkehr von der »brennenden Liebe«. (So geht's: In Nachbars Teich springen, Seerosenwurzeln ernten, daraus Tee kochen, 10 Minuten ziehen lassen. Vielleicht hilft aber auch schon das kalte Wasser …)

Himalayasalz ist nichts dagegen

Kupfer stärkt das Immunsystem und ist wichtig für die Blutbildung, Kobalt ist ebenfalls für die Blutbildung wichtig, und mit dessen Hilfe produzieren Darmbakterien das für Veganer so wichtige Vitamin B_{12}. Bei Verzehr von 100 g Löwenzahn nehmen Sie 920 µg Mangan auf, das ist die Hälfte des Tagesbedarfes. Darüber werden Ihre Knochen und besonders Ihre Knorpel jauchzen, denn das dient besonders zum Aufbau des Chondroitinsulfats, das bei Meniskusverletzungen so gefragt ist sowie als künstliches Nahrungsergänzungsmittel aus der Drogerie bei Sportlern sehr beliebt ist. Warum es nicht natürlich genießen?

All das und noch viel mehr in einem so harmlos ausschauenden Kraut! Für die »natürliche« Versorgung mit obengenannten Spurenelementen lassen manche Menschen teures Himalayasalz einfliegen. Das haben *wir* ab sofort nicht mehr nötig.

Sollten Ihre Nachbarn, Ihr Partner, die Oma oder die Schwiegermutter unter Gicht oder Rheuma leiden, verabreichen Sie ihnen Löwenzahn. Die Menschen gehören noch zu den Unüberzeugten? Verpacken Sie ihn in eine alte Arzneischachtel und legen Sie einfach den folgenden Beipackzettel dazu.

Löwenzahn senkt seine Wurzeln bis zu sechs Meter in die Tiefe! So kann er seine Schönheit auch zwischen Pflastersteinen darbieten.

Beipackzettel: Löwenzahn

Was ist Löwenzahn und wofür wird er angewendet?
Löwenzahn ist eine Wildpflanze, kaliumreich, stark basisch, schwemmt Harnsäure aus, gegen Gicht, Rheuma, Alterserscheinungen und unreine Haut, zur Anregung von Leber, Galle und Nieren, zur Anregung von Magen, Darm und Appetit, Krebszellen bekämpfend.

Was sollten Sie vor der Einnahme von Löwenzahn beachten?
Das Kraut waschen (wenn Sie zu den empfindlichen Naturen gehören).

Wie ist Löwenzahn einzunehmen?
Roh oder getrocknet, im Smoothie oder Salat, morgens oder abends oder immer.

Wenn Sie eine größere Menge Löwenzahn eingenommen haben, als Sie sollten.
Freuen Sie sich über den Anti-Aging-Effekt!

Welche Nebenwirkungen sind möglich?
Ewige Jugend und Frische, Potenz und Vitalität! Möglicherweise wird Eisbergsalat ab sofort als geschmacklos abgelehnt.

Wie ist Löwenzahn aufzubewahren?
Nach dem Pflücken bis zu einem Tag im Kühlschrank, als Trockenpräparat ein Jahr.

Maria Trebens Wundermittel

Schon Maria Treben hielt Löwenzahn für ein Wundermittel und empfahl gegen chronische Ekzeme und Diabetes, über einige Wochen täglich zehn Stück der milchsafthaltigen Stängel der Blüten zu essen. Ja, das sind genau die, vor denen uns die Oma immer gewarnt hat. Nein, sie sind nicht giftig, im Gegenteil. Es scheint die Entgiftung so sehr anzuregen, dass mir inzwischen viele Fälle bekannt sind, in denen diese Behandlung geholfen hat. Nebenbei finde ich mittlerweile, dass die knackig-saftigen Stängel, klein geschnitten im Salat, eine Delikatesse sind. Und? Meine Haut sieht toll aus!

Kulinaria in Frankreich – und die bittere Wahrheit

Die Franzosen sind kulinarisch immer für eine Überraschung gut und bieten in alter Chicorée-Tradition gebleichten Löwenzahn an. Dafür wird über die zusammengebundene Blattrosette ein Blumentopf gestülpt, woraufhin die Stängel erbleichen und vor lauter Schreck ihre Bitterstoffe verlieren. Das ist nun für die, die unter Kopfsalatentzug leiden, ein milder Ersatz.

Aber ich muss Ihnen die Wahrheit sagen. Welche Inhaltsstoffe bewirken Potenz, Vitalität, gutes Immunsystem, geistige Frische (und hier habe ich nicht genug Platz, alles aufzuzählen, sonst würde das Buch wesentlich zu dick)? Genau, die Bitterstoffe!

Sensationelle Krebstherapie mit Löwenzahn

Neueste Forschungen in der Krebstherapie belegen, dass Löwenzahnblättertee das Wachstum von Brust- und Prostatakrebszellen verlangsamen kann (*International Journal of Oncology,* 5/2008 und 6/2011).

Weitere Studien bestätigten, dass Löwenzahntee bei Leukämie- und Melanomzellen den Zellselbstmord auslösen kann, während gesunde Zellen intakt bleiben.
Und nun? Essen Sie täglich Löwenzahn! In der Suppe, im Salat, im Smoothie, auf dem Brot. Trinken Sie Löwenzahntee, streuen Sie die Blüten übers Essen, knabbern Sie die Blütenstiele, trocknen Sie die Wurzeln und knabbern Sie sie so, wie es unsere Rennmäuse und Karnickel tun. Da habe ich es mir abgeguckt.

Wo krieg ich ihn her?

Er blüht so wunderbar im April und Mai, dann ist er nicht zu übersehen! Wie viele romantische Fotos hab ich von ihm, aus Innenstädten, zwischen Pflastersteinen, in Mauerritzen, neben der Mülltonne, am alten Hochofen, im Golfrasen, in der Burgmauer ... So'n Zahn lässt sich eben durch nichts erschüttern. Zum Glück! Ab Mai finden wir dann meist nur noch Rosetten ohne Blüten. Ich hab einige im Blumenkasten. Bei guter Düngung werden die Blätter 50 cm lang!
Wenn Ihr Nachbar ein Liebhaber makelloser Rasenflächen ist, befreien Sie ihn von dem Kraut und genießen Sie es.
Die schmalen, langen Ausstechgeräte, die von Golfanlagenbetreibern erfunden wurden, um Löwenzahn endgültig aus dem edlen Rasen zu entfernen, eignen sich wunderbar, um die Wurzeln zu ernten. Ginseng, Sie wissen schon! Beim Ernten wird Ihnen nicht entgangen sein, dass unten immer ein kleines Stück fehlt. Das machen die extra! Damit wir auch in ein paar Wochen noch ernten können. Und wieder eine Gelegenheit fürs Gehirn-Jogging: Wo im Rasen wuchs er noch mal? Genau, rechts neben dem Gänseblümchenfeld, links vom Ehrenpreis ...

So eine Löwenzahnblüte schmückt jede Mahlzeit! Hier dienen außerdem Blätter von Storchschnabel, Giersch, Kletten-Labkraut und Gundermann als köstliche Deko für einen Apfel-Möhren-Nuss-Salat.

Einfach essen!

Und nun knabbern Sie ein paar Blättchen zwischendurch, ein paar im Salat, ein paar in der Suppe, der Pfanne, auf dem Brot, die zerrupften Blüten über dem Salat, die Knospen gebraten oder wie Kapern eingelegt (Rezept wie bei Gänseblümchen, siehe Seite 124), oder machen Sie aus den Wurzeln wie in alten Kriegszeiten Löwenzahnkaffee.

Da die Wurzel mittlerweile in der chinesischen Medizin mit Ginseng gleichgesetzt wird, ist sie auf dem Heimweg oft schon in meinem Magen gelandet, sodass es für den Kaffee nicht mehr reicht … Mit ihrem leichten Kaugummieffekt, einer zarten Herbheit und knackiger Konsistenz schmeckt sie mir einfach so oder im Salat. Einige Wurzeln trockne ich zum Kauen im Winter. Sie sehen, die Anti-Aging-Effekte liegen mir am Herzen. Vergessen Sie Ginseng, essen Sie Löwenzahn!

Und probieren Sie auf jeden Fall mal den Kaffee! Altes Muckefuck-Kriegsrezept. Der Vorteil? Regional, biologisch, koffeinfrei …

Löwenzahnkaffee

› Wurzeln ausgraben, 10 Minuten in Wasser einlegen, damit sich die anhaftende Erde löst, dann mit einer feinen Bürste sauber schrubben. In kleine Stücke schneiden und diese auf Backpapier ausbreiten.

› Die Stücke bei 200 °C 15 Minuten lang im Backofen rösten. Dabei immer wieder umdrehen, damit sie gleichmäßig braun werden.

› In einem Glasgefäß halten sich die Wurzeln mehrere Jahre lang.

› Für das Aufbrühen des Kaffees nehmen Sie Omas alte Kaffeemühle zur Hand (oder eine neue) und mahlen die Wurzeln jeweils frisch.

› 1 gehäuften TL Kaffeepulver mit 150 ml kochendem Wasser aufbrühen, 5 Minuten ziehen lassen. Durch einen Kaffeefilter gießen oder warten, bis sich das Pulver unten absetzt wie beim Espresso.

Die Zähne von Löwen sind doch nix dagegen …

Löwenzahnwurzelgemüse asiatisch

Zutaten für 4 Personen:

200 g Löwenzahnwurzeln
3 Knoblauchzehen
2 EL Öl
100 ml Gemüsebrühe
3 TL Sojasauce
2 EL Crème fraîche

› Graben Sie die Löwenzahnwurzeln aus. Für eine vierköpfige Familie dauert das … Ja, die sind sehr klein, und ja, Sie müssen dafür raus, und ja, die Befriedigung, das alles selbst gesammelt zu haben, schmeckt man hinterher!

› Weichen Sie die Wurzeln kurz in Wasser ein, damit sich die anhaftende Erde löst, und schrubben Sie sie dann mit einer Gemüsebürste.

› Schneiden Sie die Wurzeln und die Knoblauchzehen in kleine Stücke und braten Sie sie zusammen in dem Öl an.

› Geben Sie die Gemüsebrühe und die Sojasoße zu und kochen Sie die Wurzeln in circa 10 Minuten weich.

› Verfeinern Sie dann die Soße mit Crème fraîche.

Tipp: Schmeckt gut zu Reis.

GEGEN VITAMIN-C-MANGEL: SCHARBOCKSKRAUT

Damit bleiben die Zähne drin!

»Was ist denn der Scharbock?«, frage ich meine Kräuterfreunde immer, wenn ich im Frühling dieses hübsche Kraut entdecke. Fragende Gesichter. »Und was ist Skorbut?« Das haben die meisten schon gehört: »Da fallen einem alle Zähne aus!« Ja, auch … »Das hatten die Seefahrer.« Fluch der Karibik kennen sie.

Vitamin-C-Mangel ist die Ursache für Skorbut oder »Scharbock«, wie diese Erkrankung früher auch genannt wurde. Wobei *mir* bis heute nicht klar ist, warum die Seefahrer damals auf dem Schiff nicht schon frische Keimlinge hatten, denn dann hätte es den Skorbut nie gegeben. Einfach in Regenwasser ansetzen.

Nun, an Land hilft gegen Vitamin-C-Mangel ein Kräutlein, das ich nicht zu den wertvollsten zähle, das aber zu den ersten nach dem langen Winter gehört und gleich massenhaft vorkommt, wenn man es an einer Stelle findet, sodass es oft für den ganzen Stadtteil reicht.

Die Blättchen sind hufeisenförmig, oft mit einer feinen Zeichnung, sehr hübsch! Die gelben Blüten glänzen so, damit sie auffallen. Der Nektar ist für die Bienen, die Schönheit für uns.

Die Blättchen dürfen in den Salat, bevor die Pflanze im April und Mai blüht. Danach sollten Sie die Blätter nicht mehr verwenden, weil sich Gifte darin anreichern.

Scharbockskraut (Ranunculus ficaria)

Beschreibung: Meist flächendeckend, nah am Boden; kleine hufeisenförmige Blättchen, oft mit ganz zarter grüner Zeichnung, die vor den Blüten erscheinen; Blüten gelb, stark glänzend, mit meist 8 bis 12 Blütenblättern, Blüte von März bis Mai. Ab Ende Mai ist die Pflanze komplett verschwunden – bis zum nächsten Jahr.

Vorkommen: Feuchte Stellen, Wiesen, Wegränder, Parks; häufig.

In der Küche: Junge Blätter vor der Blüte ernten und roh im Salat oder auf dem Brot genießen.

In der Hausapotheke: Keine Anwendung.

Frischkäse »Fang den Scharbock!«

Zutaten:

250 g Frischkäse
1 Handvoll Gänseblümchenblüten
1 Handvoll Scharbockskrautblätter
1 Handvoll klein geschnittene Gierschblätter und -blattstiele
1 fein gehackte Zwiebel, die in etwas Öl angebraten wurde
etwas Zitronensaft
Salz, Pfeffer und Paprikapulver nach Geschmack

› Alle Zutaten miteinander vermengen und mit einigen Scharbockskrautblüten garnieren.

Wildes Scharbockskraut im Rasen des Frankfurter Palmengartens

DELIKATESSE NICHT NUR FÜR KINDER: GARTENSCHAUMKRAUT

Unkraut-Ranking

Sie möchten bei einer Gruppe Menschen, die sich noch nicht kennen, das Zusammengehörigkeitsgefühl fördern? Fragen Sie einfach: »Welches sind Ihre unbeliebtesten Unkräuter?«

Ja, ich sage bewusst das böse Wort, für die Anfänger, damit sich alle schnell einig sind. Und das sind sie: der Kriechende Hahnenfuß, der Acker-Schachtelhalm und das Gartenschaumkraut.

Gourmetkresse und Vitamin-C-Bombe

Wenn Sie Letzteres einmal gekostet haben, werden Sie es als Salatdelikatesse nicht mehr missen wollen. Ich habe meiner Schwester einmal das Kraut in ihrem Garten gezeigt. Ihre experimentierfreudigen Kinder bissen gleich herzhaft hinein, und nach einem »Oh, wie lecker!« und »Wo gibt es noch mehr?« wird es dort ab sofort im Blumentopf und im Blumenbeet kultiviert und landet täglich im Salat.

Kosten Sie auch einmal. Sie werden den ganz leicht kressigen Geschmack ebenso lieben. Es ist nicht so scharf-kressig wie die Brunnenkresse oder das verwandte, ebenfalls essbare Wiesenschaumkraut, von denen mir meist ein molekülgroßes Stückchen im Salat reicht. Die Senfölglykoside, die Sie da schmecken, regen die Entgiftung und den Stoffwechsel an.

Die Schaumkräuter können alle als Salat oder Gewürz eingesetzt werden, samt Blüten, Blättern, Wurzeln und Samen. Sie schmecken gut in

Essbarer Rasen im Frankfurter Palmengartengelände: Die Blüten des »Delikatess-Gartenschaumkrauts« stehen hier neben Schafgarbenblättchen mit herb-würzigem Aroma.

der Gemüsepfanne, in Kräuterbutter, im Salat, in Gemüsefüllungen und Aufläufen, auf Pizza und Quiche. Sie können sogar die Samen sammeln und im Winter auskeimen lassen!

Und was bringt das alles? Bis zu 360 mg Vitamin C pro 100 g Pflanze, dazu eine Entgiftung des Körpers durch die Anregung der Leber, eine Anregung des Stoffwechsels und damit auch eine Superwirkung für Rheumatiker. Sollten Sie nun total begeistert sein, wovon ich ausgehe, sind Sie in bester Gesellschaft: Neben meiner Wenigkeit ist unser »Papst der essbaren Wildkräuter«, Steffen Guido Fleischhauer, ein absoluter Fan unseres kleinen unscheinbaren Unkräutleins.

Gartenschaumkraut, Viermänniges Schaumkraut (*Cardamine hirsuta*)

Beschreibung: Blätter in einer Rosette, zwei bis drei Blätter auch noch an den Stängeln, jedes Blatt hat meist sieben Einzelblättchen. Oft ist die Pflanze rötlich, meist stehen mehrere zusammen. Blüten mit vier schmalen weißen Blütenblättern, 7–30 cm hoch.

Vorkommen: Trockene Wegränder, Gärten, Parks, Gärtnereien, Blumentöpfe, Äcker.

In der Küche: roh als Würz- und Salatkraut.

In der Hausapotheke: fördert wie alle senfölglykosidhaltigen Pflanzen die Verdauung.

Ganz ähnlich ist das Bittere Schaumkraut zu verwenden, das größer und oft an schattigen Stellen zu finden ist.

NUSSIGE VITAMIN-B-QUELLE: GÄNSEBLÜMCHEN

Nicht nur für die Spielsuppe

Lassen Sie mich raten: Gänseblümchen haben Sie bisher nicht wirklich ernst genommen, oder? Sie dachten, das sei nur etwas für die Kleinen. Genau *die* haben aber die überragende Bedeutung erkannt! Die Gänseblümchen landen in der Spielsuppe. Dabei würden sie den Wert jeder realen Speise beträchtlich erhöhen! Von allen Wildkräutern haben Gänseblümchen den höchsten Gehalt an Vitamin B_1: gut für Gedächtnis, Haare, Haut, Fingernägel, Nerven …

Leider hat das Blättersammeln viel mit Meditation und einer Übung in Geduld zu tun, das gebe ich gerne zu. Aber zum Abschluss eines Tages zur Ruhe zu kommen beim Sammeln von Gänseblümchenblättern bringt Sie garantiert auf den Boden der Tatsachen. Und dann kann der Feierabend beginnen! Die Blüten sind einfach zu ernten, schmecken nussig, besonders die Knospen, und verleihen Ihrem abendlichen Brot eine überirdische Schönheit.

Gänseblümchen verschönern den Rasen im Frankfurter Palmengarten.

Gänseblümchen (Bellis perennis)

Beschreibung: 5–15 cm hoch; Blütenkörbchen 1,5–3 cm breit, blühen das ganze Jahr über; Blätter alle in einer Grundrosette, spatelförmig, auch im Winter grün.

Vorkommen: Ich müsste wohl eher fragen, wo nicht. Sie kommen vor im Rasen, in der Wiese, im Park, am Straßenrand, in Gärten, sogar im Winter bei Frost und unter Schnee!

In der Küche: Alle Pflanzenteile – in Salat, Suppe oder Pfanne, roh oder gekocht.

In der Hausapotheke: Tee aus den Blüten 10 Minuten ziehen lassen. Gegen Husten, Gicht und Magenbeschwerden.

Gänseblümchenkapern

Sammeln Sie die Gänseblümchenknospen am besten an einem trüben Tag, denn dann bleiben die Köpfchen keusch geschlossen.

Zutaten:

2 Tassen Gänseblümchenknospen
½ TL Salz
125 ml Kräuter- oder Balsamico-Essig
Pfeffer, frisch gemahlen
2 Knoblauchzehen, klein geschnitten

› Streuen Sie das Salz über die Gänseblümchenknospen. Nach drei Stunden Ziehzeit geht es weiter.

› Kochen Sie den Essig zusammen mit dem Pfeffer und den Knoblauchstückchen kurz auf, geben Sie die Knospen dazu und lassen Sie das Ganze wieder kurz aufwallen.

› Füllen Sie alles zusammen in ein Schraubdeckelglas. Nach drei Tagen sind die Kapern genießbar: auf Brot, im Salat oder einfach so. Die Mischung ist einige Tage haltbar. Gänseblümchen wachsen ja zum Glück das ganze Jahr und überall.

Gänseblümchen sind zum Glück das ganze Jahr über zu genießen.

SALAT MIT GROSSER HEILKRAFT: GUNDERMANN

Gehört Gundermann zu den Salaten oder in die Hausapotheke? Beides! Essen Sie ein paar Blättchen täglich im Salat – und Sie brauchen sich über Abgase oder Gifte auf Ihren Salaten kaum noch Gedanken zu machen. Die kleinen Pflänzchen entgiften Ihren Körper von Schwermetallen und allen möglichen anderen unerwünschten Begleitstoffen.

Mann oder Frau?

Immer schon war er in der Nähe der Menschen und heißt nicht umsonst »Gretel in der Hecke« (aha, ein Mädchen, auch genannt *die* Gundelrebe) und »Guck durch den Zaun«, aha, rankt überall rum, also neugierig (wie ein Mädchen). Und der Gunder*mann?* Das ist der, der nach Ziegenkäse schmeckt, sagen meine Kräuterfreunde.

Gundermannprobe statt Weinprobe

Ich finde ihn zum Glück in jedem Stadtpark, immer an den Beetgrenzen, im leichten Schatten von Sträuchern – eine lila Flut von atemberaubender Schönheit. Für Anfänger schmeckt er gewöhnungsbedürftig. Mittlerweile möchte ich die eigenwillige Geschmackskomponente im Salat aber nicht mehr missen.
Eine Reporterin, die ich mal habe probieren lassen mit der Frage, wie es denn schmecke, machte zunächst dieses Gesicht, das ich immer so gerne fotografieren möchte. Sie wissen schon, wie bei einer Weinprobe: dieser konzentrierte und dennoch leicht der Welt entrückte Ausdruck.

Gundermann: schönstes Entgiftungsmittel der Welt – mit dem interessantesten Geschmack!

Erwartet hatte ich »lecker« oder »bitter«. Nichts dergleichen kam. Was sie dann sagte, war außerordentlich aufschlussreich: »Interessant! Herb, nein, würzig, nein, etwas nach Käse, aromatisch, etwas nach Minze … Je länger man kaut, desto mehr verschiedene Nuancen schmeckt man!« Genau!

So exakt hätte ich es gar nicht formulieren können! *Das* ist es, was die Wildkräuter den »normalen« Salaten voraushaben: eine Aromenvielfalt, die ihresgleichen sucht!

Daher darf der Gundermann als Gewürz mit Ziegenkäsegeschmack in den Salat und bei mir auf jedes Käsebrot. Das ist aber noch nicht alles.

Auch als Nachtisch!

Da der Gundermann nah verwandt mit der Minze ist, schmeckt er auch ein wenig danach. Diesen Teil des Aromas können Sie mit dem Rezept auf Seite 128 »rauskitzeln«. Ich habe es für meine Botanikfreunde schon oft ausprobiert, einmal mit Minze und daneben mit Gundermannblättern. Und dann gefragt: »Welche mögt Ihr lieber?« Probieren Sie es einmal aus. Der Gundermann wurde von fast allen bevorzugt – wegen des »interessanteren« Geschmacks.

Gundermann, Gundelrebe (Glechoma hederacea)

Beschreibung: Kriechende Pflanze mit vierkantigem Stängel, an den Knoten wurzelnd; Blätter gegenüberstehend, nieren- bis herzförmig; blühende Triebe im Frühjahr aufrecht, lila Blüten in den Blattachseln, die zur Seite schauen, mit Ober- und Unterlippe; charakteristischer aromatischer Geruch beim Zerreiben; wintergrün.

Vorkommen: Zum Glück fast überall, in jedem Stadtpark, in Blumenbeeten, an Wegrändern, Hecken und Zäunen, auf nassen Wiesen, am Ufer; häufig.

In der Küche: Als Gewürz und als Salatbeigabe, gekocht oder roh.

In der Hausapotheke: Tee aus der Pflanze gegen Husten und zur Verdauungsanregung; äußerlich auf eiternde Wunden.

Gundermann-After-Eight

Zutaten:

60 große Gundermannblättchen mit Stiel
1 Packung Kuvertüre (125 g)

› Legen Sie ein Backpapier aus und verteilen Sie die Blättchen darauf.
› Erwärmen Sie die Kuvertüre im Wasserbad und bepinseln Sie zunächst die obenliegende Seite der Blätter damit. Nach dem Trocknen drehen Sie die Blättchen um und pinseln sie von der anderen Seite ein.
› Dann bewahren Sie die Köstlichkeit bis zum Verzehr im Kühlschrank auf. Sie sind etwa einen Tag lang haltbar.

Tipp: Sie eignen sich wunderbar als Deko auf Süßspeisen oder als süße Nascherei für zwischendurch.

Fast eine ganze Apotheke!

So vielseitig ist der Gundermann: Dank seiner ätherischen Öle lässt sich aus ihm ein vorzüglicher Tee gegen Husten, Bronchitis und Erkältung machen, der schleimlösend und auswurffördernd wirkt. Und die Bitterstoffe, die man beim Teetrinken kaum ignorieren kann, regen die Verdauung und die Funktion von

Leber und Galle an. Außerdem ist Gundermann das Entgiftungskraut Nummer 1. Sie werden es noch als Bleigießer-, Maler- oder Büchsenmacherkraut kennenlernen (Seite 191), denn diesen Männern diente der Tee dazu, Blei oder andere Schwermetalle auszuschwemmen.
Auf Wunden als Kompresse oder Waschung hilft Gundermann gegen den »Gund«, den Eiter, und als Sitzbad bei Hämorrhoiden.
Wenn Sie die ersten drei Blätter im Jahr verspeisen, werden Sie nie mehr krank. So sagt es eine alte Bauernregel. Als Biologin bin ich bei solch einer wichtigen Angelegenheit gerne auf der sicheren Seite und befolge den Rat aus einem älteren Kräuterbuch: Essen Sie *täglich* drei Blättchen! Bisher klappt es bei mir.

Vertrauen in die eigenen Heilkräfte

Wenn Sie mit dem frischen, blühenden Kraut zwischen April und Juni eine Tinktur ansetzen, haben Sie laut dem Erfinder der Ceres-Urtinkturen ein Universalmittel gegen chronische Krankheiten: Roger Kalbermatten schreibt in seinem Buch *Pflanzliche Urtinkturen: Wesen und Anwendung* (AT Verlag 2012): »Die Gundelrebe weckt das Vertrauen in die Selbstheilungskräfte. Sie stärkt den Menschen in seinem Glauben an das Wunderbare.« So ein Schätzchen!

Und bei Gewitter!

Aber dieser Schatz ist noch für viele andere lebenswichtige Angelegenheiten zuständig. Da Gundermann unter dem Schutz des Donnergottes steht, sollten Sie, wenn sich ein Gewitter ankündigt, ein Zweiglein davon auf die Fensterbank legen. Das Kraut schützt dann das Haus vor Blitzschlag! So war es jedenfalls früher.

Brot mit Gundermann und Löwenzahn: erfreut Augen, Leber und Geschmacksknospen.

Und für die Liebe

Sollte ein Liebeswein mit Storchschnabel noch nicht den erwarteten Kindersegen gebracht haben (Seite 232), nähen Sie sich als Frau getrockneten Gundermann in den Rocksaum. Das wurde früher als Fruchtbarkeitszauber angewendet. Da ist er wieder, der Gunder*mann*.

Was halten Sie von folgendem Arrangement? Beide essen bei Gewitter jeweils drei Blättchen Gundermann, dann legen Sie das Kraut ins Bett und auf die Fensterbank, dann genießen Sie bei Gewitter (es kann ja nichts passieren) zu zweit ein Stelldichein im Bett … und dann müsste sich doch bald ein gesunder Kindersegen einstellen …

MACHT IN JEDER HINSICHT STARK: BRENNNESSEL

Für Männerlenden

Sie brauchen spontan heute Abend ein Kraut, das den Männerlenden die Kraft eines Donnergottes verleiht? Kein Problem! Brennnesseln wachsen ja überall.

Wenn die Nachbarn meckern, weil Ihre Gartenbrennnesseln zu ihnen rüberwachsen, sagen Sie einfach: »Was soll ich machen? Wenn es denen hier doch so gut gefällt …« Wenn Sie näher mit Ihren Nachbarn befreundet sind, können Sie ihnen ja die Geheimnisse Ihrer Liebesnächte verraten. Schon vor 2000 Jahren wusste der römische Dichter Ovid, dass dieses Liebeskraut das »beste Aphrodisiakum der Welt« ist.

Bei Ursel Bühring (*Alles über Heilpflanzen,* Ulmer Verlag 2011) können Sie nachlesen, dass eine neue Studie der Universität Texas das bestätigt hat: Nach dem mehrfachen Genuss von grünem Hafergras, gemixt mit Brennnesseln, verzehnfachte (!) sich die Zahl der sexuellen Aktivitäten der Probanden!

Ich glaube, »die« Brennnessel ist ein Mann. Schließlich war sie früher dem Donnergott geweiht, sie hat so eine imposante Erscheinung, sie ist so wehrhaft …

Große und Kleine Brennnessel (Urtica dioica, Urtica urens)

Beschreibung: Herzförmige Blätter mit Brennhaaren; kleine grünliche Blüten; weibliche und männliche Pflanzen, nur die weiblichen tragen Samen.

Vorkommen: Überall, hauptsächlich stickstoffreiche Böden, Weg- und Straßenränder, Brachflächen, Äcker, Wiesen, am Wasser.

In der Küche: Blätter in Suppe oder Smoothie oder Tee, Blätter gekocht oder gebraten essbar wie Spinat, reich an Kalzium und Eisen, an Vitamin C und A; Samen essbar, getrocknet oder frisch, ebenso reich an Eisen, Kalzium und Vitaminen.

In der Hausapotheke: Tee aus den Blättern gegen Blasenentzündung und Pickel, Tee aus der Wurzel gegen Prostatavergrößerung.

Anti-Aging

Bei einem meiner Kräuterwochenenden brachten zwei Teilnehmer täglich schon zum Frühstück ihre selbst gemixten Smoothies mit. Eine Teilnehmerin hatte einen »schönen« Smoothie, leuchtend grün, ein Teilnehmer einen, der nach kurzer Zeit wie grünbraune Suppe aussah und dessen Farbe mit den verstreichenden Minuten immer mehr in Richtung Braun wechselte. Und was war drin? Hauptsächlich Brennnesseln. Was soll ich sagen? Der Mann sah blendend aus! Mindestens zehn Jahre jünger, als er wirklich war.

Die Eisenpflanze, die je nach Standort 4 bis 16 mg Eisen/100 g liefert, versorgt uns bestens mit dem Mineral. Dank des hohen Vitamin-C-Gehaltes wird das Eisen besonders gut vom Darm aufgenommen. Haben Sie schon einmal Eisentabletten genommen? Und dann schwarzen Stuhl gehabt? Nun, da waren wohl einige Eisenatome in der Toilette gelandet, von denen dann die Kanalratten vielleicht noch etwas hatten. Das passiert Ihnen mit der Brennnessel nicht.

Auch wenn Sie nun meinen, die braune Brühe des Brennnesselsaftes oder -smoothies sähe doch etwas gewöhnungsbedürftig aus, bedenken Sie: Ganz unscheinbare Raupen fressen die Blätter – und erscheinen dann als unvergleichliche Schmetterlingsschönheiten wie das Tagpfauenauge, der Admiral oder das Landkärtchen! Wenn das kein Symbol ist! Wer weiß, was aus uns noch werden könnte, wenn wir vermehrt dieses Kraut verspeisen würden!

Es brennt!

Altes Rätsel: »Es brennt ums ganze Haus, und das Haus brennt doch nicht. Was ist das?«

Ein Zehnmillionstel Gramm der Flüssigkeit aus den Brennhaaren genügt, um eine juckende Quaddel zu produzieren. Hört sich doch nach einem superwirksamen Medikament an!
Wozu nun dieses Brennzeug? Ihre erste Antwort ist natürlich: Die Pflanze will nicht gefressen werden. Nun, so lernten wir es dereinst auch an der Uni. Das ist uns aber egal. Wenn Sie das Kraut wässern und dabei gegen die Wände des Waschbeckens schlagen oder mit dem Nudelholz quetschen und dann waschen, ist es mit dem Brennen vorbei. Die bienengiftähnlichen Substanzen und die Ameisensäure verbinden sich mit dem Wasser und sind nicht mehr zu spüren.

Die Peitsche gegen Rheuma

Die Brennhaare sind aber doch gut für uns! Meine Freundin hat beim Pflücken mit nackten Händen, die sonst fürs Orgelspielen in der Kirche gebraucht und seit Jahren von Rheuma geplagt wurden, für immer und ewig ihr Rheuma verloren! Der Kontakt mit den Brennhaaren wurde früher schon zum Auspeitschen der Rheumastellen genommen. Sie dürfen nur danach kein Wasser draufgeben, sonst juckt es. Ohne Wasser ist der Effekt ähnlich wie bei Salben aus der Apotheke, die die Durchblutung und Erwärmung der Haut fördern sollen.
Mit Brennnesseln gepeitscht wurden aber auch die Hengste, die keine Lust auf die Stuten hatten, obwohl sie extra zur Zeugung herrlicher Nachkommen von weither angereist waren. Diese Urtikation soll früher auch bei Frauen und Männern geholfen haben.

Statt Nahrungsergänzungsmittel

Pro 100 g Brennnessel dürfen Sie circa 300 mg Vitamin C genießen. Das ist das Dreifache des Tagesbedarfs, dazu circa 600 mg Kalzium, was etwas mehr als der Hälfte des Tagesbedarfs entspricht, dazu Eisen, Silizium und viele weitere Spurenelemente und Vitamine.
Im Frühling und Sommer gehören die Blätter in den Salat, in den Smoothie oder in die Pfanne mit Zwiebeln, da schmecken sie seltsamerweise etwas nach Leber. Oder doch nicht seltsam? Beim Verspeisen von Leber schmecken Sie ebenfalls das Eisen.

Frankfurter Brennnesseln …

Im Gegensatz zu Frankfurter Würstchen können Sie mit Frankfurter Brennnesselbutter einmal etwas echt Sinnvolles und Gesundes genießen! Damit ich nun nicht mit den Frankfurtern aneinandergerate, können Sie die meinetwegen auch – je nach Laune oder Sterne-Anzahl Ihres geplanten Büfetts – Hamburger, Bayreuther, Schweriner oder Norddeicher Butter nennen. Denn Brennnesseln und weitere Kräuter sind überall vor Ort. Die Brennnessel als stolzer Inhalt dieser Butter hätte sowieso viele herrliche Namen verdient: Eisenquelle, Osteoporose-ade-Kraut, Vitamin-C-Herzchen. Die Blätter sehen wie Herzen aus, haben Sie das schon bemerkt? Welch ein Geschenk!

… pur oder wild gemischt

Welche Kräuter sollen nun mit hinein? Wenn Sie es mögen und als Liebesbutter verwenden möchten, können Sie Brennnesselspitzen pur nehmen: eisenreich, Potenz steigernd, dem Donnergott geweiht. Oder Sie nehmen eine wilde Mischung aus **Brennnesseln, Bärlauch** oder

Frankfurter Kräuterbutter mit Brennnesseln: Wer kann da widerstehen?

Knoblauchsrauke, gemischt mit **Gundermann, Giersch,** etwas **Minze** und **Melisse** und **Basilikum** aus dem Blumenkasten …
Auch **Bärlauch** ist übrigens ein altes Liebeskraut, und **Gundermann** macht hellsichtig, **Melisse** beruhigt, **Basilikum** ist in indischen aphrodisierenden Tees vertreten. Nun entscheiden Sie selbst …
Und dann garnieren Sie je nach Anlass mit Blüten. Für den romantischen Abend zu zweit mit **Rosen**blättern, für die feurige erste Liebesnacht am besten in Rot, für die Kommunion mit **Gänseblümchen** in Weiß, für den Snack beim Meditationsabend mit zartem **Wiesen-Storchschnabel** in Lila …

Frankfurter Kräuterbutter

Zutaten:

250 g Butter
2 EL Ölivenöl
2 TL Salz
1 zerdrückte Knoblauchzehe
Saft von 1 Zitrone
200 g fein gehackte Kräuter: Brennnessel, Giersch, Gundermann ...

› Erwärmen Sie die Butter in einer Schüssel leicht, mischen Sie die restlichen Zutaten bis auf die Kräuter darunter und rühren Sie alles mit dem Handrührgerät schaumig.
› Dann geben Sie die Kräuter hinzu und lassen die Butter erkalten.

Variationen: Wenn Sie noch Tomatenmark beimischen, wird endgültig klar, dass dies die »Donnergott-geweihte« Butter ist. Mit Kriegsfarbe! Unbedingt für Männer zu empfehlen. Und köstlich!
Das gleiche Rezept lässt sich statt mit Butter auch mit Quark oder für Veganer mit Sojaquark machen.

Tipp: Bestreichen Sie frisches Vollkornbrot damit oder reichen Sie die Butter zu heißen Kartoffeln.

Mehr städtische Salatschätzchen

EHRENPREIS ODER: DER LENZ IST DA

»Veronika, der Lenz ist da! Die Vögel singen trallala …«, so sangen die Comedian Harmonists im Jahre 1930. Ich bin sicher, dass sie das Kraut gemeint haben, das Kraut mit dem lateinischen Namen Veronica, denn dieses verspricht die frühlingshafte Freiheit von Pickeln, Ekzemen und Akne. Mit deutschem Namen: Ehrenpreis. Es soll einmal einen König von seinen unheilbaren Ekzemen befreit haben. Und der hat ihm den deutschen Namen gegeben.

Die Blümchen kommen in verschiedenen Arten in jeder Stadt vor, mal himmelblau, mal hellblau, mal lila-rosa. Alle Arten sind essbar.

Die männliche Treue

Sie werden fündig im Stadtpark oder im heimischen Rasen, im Gemüse- oder Staudenbeet oder am trocken-staubigen Straßenrand. Alle sind klein und niedlich und fallen nur durch ihre blauen oder rosafarbenen Blütchen auf. Sie meinen, der Gundermann sähe ähnlich aus? Aber nein, die Ehrenpreisblüten haben ganz offensichtlich eine flache Blüte mit vier (!) einzelnen Blütenblättern. Der Gundermann hat ein Maul mit Ober- und Unterlippe (darf er, er gehört ja zu den »Lippenblütlern«), außerdem duftet der Gundermann beim Zerreiben nach Ziegenkäse und Minze. Das kann kein Ehrenpreis!

Persischer Ehrenpreis: der Himmel auf Erden! Und im Salat …

Böse Zungen behaupten, die Blüten seien ein Symbol für die Dauer der männlichen Treue. Fünf Minuten nach dem Pflücken sind alle Blütenblätter abgefallen …

Tausendundeine Nacht

Die häufigste Sorte bei uns ist der Persische Ehrenpreis, der – finde ich – auch der schönste unter ihnen ist. Noch dazu kein Einheimischer, sondern auch so ein Schätzchen mit Migrationshintergrund. Denken Sie bei dem Wort Persien auch an die schönen Frauen aus Tausendundeiner Nacht? Ob diese Pflanze etwas damit zu tun hat? Bei mir gibt es jedenfalls keinen Salat ohne sie! Kann niemals schaden.

Blaues im Salat

Allen Ehrenpreisen gemeinsam ist, dass sie leicht herb schmecken. Dafür waren sie immer schon ein Kraut zum leichten Entgiften, was als Nebeneffekt der Haut eine jungfräuliche Schönheit verleiht! Sollten Sie die Kleinen aus Versehen mit Vergissmeinnicht oder Gundermann verwechseln, kein Problem, die können Sie ebenfalls essen. Und wann hatten *Sie* zuletzt etwas Blaues im Salat?

Wenn Sie nun süchtig nach der Farbe Blau geworden sind: Es dürfen auch andere blaue Blüten in Ihren Salat, zum Beispiel Borretsch-, alle Glockenblumen-, Beinwell- und Stiefmütterchenblüten.

Ehrenpreise (Veronica sp.)

Beschreibung: Allen Ehrenpreisen ist gemeinsam, dass sie blaue oder rosa Blüten haben und vier Blütenblätter, die nicht gleich aussehen. Alle haben dunkelblaue, feine Adern auf den Blütenblättern, die den Bienen den Weg in die Blütenmitte zum Nektar weisen. Der Persische Ehrenpreis blüht an geschützten Stellen von Januar bis Dezember, die anderen Ehrenpreisarten von März bis Juni.

Vorkommen: Sie kommen überall vor – auf trockenen Stellen, an Wegrändern, auf Gartenbeeten, im Rasen, in Parks, in Wäldern, an Ufern.

In der Küche: Ganze Pflanze essbar, in Salat, Soßen, Suppen, Kräuterbutter, Blüten als Deko. Schmeckt leicht herb.

In der Hausapotheke: Der Tee hilft gegen unreine Haut, sowohl innerlich als auch äußerlich. Angeblich kann der Ehrenpreis neun Krankheiten heilen, frei nach dem alten Spruch: »Trinkt Ehrenpreis und Bibernell, dann sterbt ihr nit so schnell.«

TAUBNESSELN – SO GANZ UND GAR ZART

Nicht gehörlos, nur völlig unschuldig

Die Taubnesseln sehen, wenn sie noch nicht blühen, wie Brennnesseln aus, brennen aber nicht. Völlig unschuldig, dafür total knackig. Meine Salatlieblinge! Wenn Sie diese flächendeckend irgendwo auftreiben können, brauchen Sie nichts Weiteres für den Salat! Sie sind zart und saftig, ob mit weißen oder roten Blüten, alle lecker, essbar mit Stiel, Blättern und Blüten. Manchmal haben die Kelche der jungen Blüten sogar noch ein Honigtröpfchen zum Aussaugen für uns. Die Blüten sind im Salat auch eine herrliche Deko.

Weiße und Gefleckte Taubnesseln brennen nicht und dürfen komplett in den Salat.

Gelbe Taubnesseln, auch als Goldnessel bekannt. Die Variante mit weiß panaschierten Blättern, sehr beliebt als Bodendecker, wird auch Silbernessel genannt.

Speziell: die Gelbe aus dem Stadtpark

Mit der gelb blühenden Taubnessel (Goldnessel) verhält es sich etwas anders. Die sollten Sie vor dem Verzehr lieber probieren. Sicher kennen Sie sie, weil sie von Gärtnern gerne als Bodendecker genommen wird, der sich ohne Stoppsignal brav über alle Beete ausbreitet, sodass man nichts mehr jäten muss, wenig Arbeit hat, aber bald auch nichts anderes mehr anpflanzen kann. Die Gelbe sieht blendend aus, die Bienen haben in den gelben Blüten auch was zu naschen – und die Blätter einen speziellen Geschmack. Nicht so fein zart wie bei den drei anderen Taubnesselarten, eher etwas zäh und nach – Steinpilz? Was meinen Sie? Ich finde sie als Gewürz durchaus interessant! Zu Bratkartoffeln, Salat oder Tomatensuppe, aber als reine Salatspeise? Für mich eher nicht …

Taubnesseln (Lamium)

Beschreibung: Den weiß und rot blühenden Taubnesseln ist gemeinsam, dass die Blätter aussehen wie bei Brennnesseln. Sie sind herzförmig, am Rand gesägt und stehen sich am Stängel gegenüber, die nächsten zwei Blätter darüber jeweils im 90-Grad-Winkel dazu (kreuzgegenständig). Die Blätter brennen nicht. Die Blüten schauen zur Seite und haben eine Ober- und eine Unterlippe. Bei der Gefleckten Taubnessel *(Lamium maculatum)* und der Roten Taubnessel *(Lamium purpureum)* sind sie rot, bei der Roten bis 1 cm, bei der Gefleckten bis 3 cm lang. Die Weiße Taubnessel hat weiße Blüten *(Lamium album)*.

Vorkommen: Wiesen, Wegränder, Gräben, Hecken, an Zäunen, auf eher feuchten, gut gedüngten Böden.

In der Küche: Komplett in den Salat, in Smoothie, Pfanne oder Suppe.

In der Hausapotheke: Weiße Taubnesselblüten können als Tee gegen Prostataentzündungen helfen.

Die Rote Taubnessel ist zwar im Vergleich mit den anderen Taubnesseln sehr klein, aber im Salat mit ihren pinkfarbenen Blütchen immer ein Hingucker.

MEINE LIEBLINGE: EISBEGONIEN

Der innere Schweinehund

Mit den Eisbegonien halte ich es so wie mit Schokolade. Manchmal möchte ich einfach meinen inneren Schweinehund zu einem Duell herausfordern. Sicher kennen Sie das auch: Sie haben sich fest vorgenommen, keine Schokolade mehr zu essen. Und um Ihrem Schweinehund wirklich klarzumachen, dass *Sie* stärker sind, legen Sie irgendwo in der Wohnung eine Tafel hin. Sie schleichen sich an und … nein! Sie gehen nicht dran! Und Sie fühlen sich hinterher wunderbar. So mache ich es mit Eisbegonien.

Knackig zitronig im Salat: Am besten schmecken die frischen Knospen der Eisbegonie. Wenn man schon wie Lutschbonbons aussieht … Die Blätter aber sind ungenießbar.

Wenn ich ein Schweinehund-Erfolgserlebnis haben möchte, gehe ich auf den Friedhof oder in einen Englischen Garten. Dort sind im Sommer viele Beete mit den monatelang blühenden Eisbegonien bepflanzt, mit weißen oder roten Blüten, in Herzform oder Kreisform angeordnet, nicht zu übersehen! Eines der leckersten Schätzchen der Welt: Die Knospen und Blüten schmecken ähnlich wie Zitronendrops, nur besser. Und dann schleiche ich drum herum, immer im Gespräch mit dem Unsichtbaren: »Nein, das kannst du nicht machen, schon gar nicht auf dem Friedhof, was sollen die Angehörigen denken …«

Dann gehe ich gestärkt raus. Mein Schweinehund ist besiegt. Und ich kaufe mir ein Pflänzchen im Blumenladen, um es zu Hause auf der Hollywoodschaukel als Belohnung zu genießen.

Probieren Sie es! Ich bin sicher, auch Sie werden die Blüten alsbald in die Kategorie einstufen: »Möchte nichts anderes mehr essen!« Nun, da kann Ihnen geholfen werden. Bekleben Sie zum Beispiel Kräuterbutter (Seite 137) mit roten Eisbegonienblüten. Ich wette, Ihre Gäste haben das noch nie gesehen, geschweige denn gekostet. Oder bringen Sie zur nächsten Party Eisbegonientöpfe mit, die auf dem Büfett abgeerntet werden können. Sie müssen das aber wahrscheinlich vormachen …

Eisbegonie (Begonia x semperflorens-cultorum)

Beschreibung: Blüht vom Sommer bis zum Frost mit weißen, rosa oder roten Blüten; unsymmetrische Blätter.

Vorkommen: Nur als Zierpflanze, ursprünglich aus Brasilien.

In der Küche: Knospen und geöffnete Blüten auf Süßspeisen oder Salat.

In der Hausapotheke: Keine Verwendung.

NACHTKERZE – DIE DUFTENDE SCHINKENWURZ

Knospentheater

Nachtkerzenknospen in der Pfanne sind die Show! Pflücken Sie die großen spitzen Knospen, die ein wenig wie hohe Zwergenhüte aussehen, und werfen Sie diese in eine Pfanne mit heißem Fett. In Sekundenschnelle öffnen sich die vier bis acht Zentimeter großen, leuchtend gelben Blüten! Ein echter Hingucker nicht nur für Kinder. Und eine zarte Köstlichkeit.

Schinkenwurz für die Liebe und den Salat

Sollten Sie gerade ein Liebeskraut brauchen, aber keines kennen oder vor Ort haben: Die »Schinkenwurz« ist eines! Ein alter Spruch besagt, dass ein Pfund Nachtkerzenwurzel so viel Kraft gibt wie ein Zentner Ochsenfleisch. Aber auch wenn Sie keine Unterstützung für die Liebe brauchen, schmecken die Wurzeln roh geraspelt im Salat oder in Scheiben geschnitten, gebraten oder gebacken hervorragend, ein wenig wie scharfe Möhren. Beim Braten oder Backen färbt sich die äußere Wurzelhaut rötlich.

Vor einigen Jahrzehnten wurde die Schinkenwurz angebaut, um die Wurzel zu ernten. Wenn Sie eine alte Bahnlinie oder eine alte Industriefläche (ohne Altlasten) in der Nähe haben, können Sie möglicherweise dort Monokulturen ernten, ohne sie selbst anbauen zu müssen. Am besten ernten Sie die Wurzel, die unter der einjährigen Blattrosette schlummert, von Oktober bis März.

Gewöhnliche Nachtkerze (*Oenothera biennis*)

Beschreibung: Bis 2 m hoch; Blüten bis 8 cm breit, von Juni bis September, mit vier Blütenblättern; die Blüten öffnen sich abends und duften dann intensiv; Blattrosette vor der Blüte mit lanzettlichen Blättern. Die Kleinblütige Nachtkerze *(Oenothera parviflora)* mit kleineren Blüten ist ebenso zu verwenden.

Vorkommen: Schuttplätze, Böschungen, Bahndämme, Wegränder, Industriebrachen, Schotterflächen.

In der Küche: Wurzel der einjährigen Rosette roh oder gekocht essbar (sogenannte Schinkenwurz), Blüten und Knospen roh, Blätter nur gekocht essbar; Samen siehe Seite 182.

In der Hausapotheke: Die Blüten fördern die Wundheilung: dazu mit kochendem Wasser überbrühen, abseihen, die Flüssigkeit etwas abkühlen lassen, ein sauberes Tuch damit tränken und für 30 Minunten auf die betroffene Stelle auflegen.

Das Öl aus den gequetschten Samen ist heilsam für trockene Haut und gegen Neurodermitis.

Nachtkerzenblüten »to go«: Einfach pflücken und spontan verspeisen!

Das Schmalblättrige Weidenröschen darf komplett in den Salat. Die Blätter des Dänischen Löffelkrautes schmecken leicht nach Senf, die Goldmelissenblüten wie Earl-Grey-Tee.

1000 WEITERE ESSBARE WILDPFLANZEN

In Deutschland gibt es mindestens 1000 essbare Wildpflanzen. Das können Sie bei Steffen Fleischhauer, dem »Papst« der essbaren Kräuter, nachlesen, in mindestens dreien seiner Bücher oder auch in der gleichnamigen Internet-Zeitschrift *Essbare Wildpflanzen.* Ich bin ihm unendlich dankbar, dass er seit einigen Jahren mit seinen Veröffentlichungen den Wilden endlich den Stellenwert verleiht, der ihnen zusteht.
Auch Kräuteranbieter wie die Firmen Rühlemann's und Dreschflegel bieten in ihren Katalogen mittlerweile Wildkräuter wie Gourmetgemüse an, zum Beispiel die Orientalische Zackenschote, die Wegrauke, die Schafgarbe und viele mehr.

Lungenkrautblüten und -blätter schmecken neutral, die Knospen des Habichtskrauts sind köstlich! Mahonienbeeren – durch ein Sieb gedrückt – liefern Saft, der zitronig schmeckt.

Überleben in der Wildnis

Ich finde diesen Trend ungeheuer beruhigend, denn außer in der Wüste werden Sie überall ein essbares Kraut finden! Es lohnt sich, mehr als die drei Kräuter zu kennen, die der Durchschnittsdeutsche mit Namen benennen kann (nach H.-C. Vahle: *Die Pflanzendecke unserer Landschaften,* Verlag Freies Geistesleben 2007).

Zur Not sind Moose essbar oder Stiefmütterchen und Veilchen, wenn Sie den leicht seifigen Geschmack mögen. Oder Gras aus dem Rasen in kleinen Mengen oder Wegerich vom Wegrand, Rosenblütenblätter oder die Blätter von Brombeer- oder Himbeersträuchern, Sauerampfer und Rotklee. Im Herbst bieten sich zahlreiche Wurzeln und Samen, Baumnüsse und Früchte zum Sammeln an. Sie sehen, selbst in der Stadt leben wir doch in einem Paradies!

Städtische Baumnaschereien im Frühling

Im Frühling halten auch Bäume für uns Naschbares bereit, nicht nur im Herbst mit Bucheckern, Nüssen und Maronen. Probieren Sie mal **Ulmen**nüsse, **Linden**blätter, **Ahorn-** und **Magnolien**blüten!

Baumblätter

Sie dürfen auch die allerersten Blätter von allen Bäumen probieren. Meine Favoriten sind **Buchen, Hainbuchen, Birken** und **Feldahorn.** Buchenlaub ist etwas säuerlich, Hainbuchenlaub etwas herb und nur am Anfang ganz zart, Birkenlaub und Feldahorn eher neutral. Wenn die Blättchen ein paar Tage alt sind, vermehren sich darin leider die Gerbstoffe. Die schützen sie vor Fressfeinden. Das sind in dem Fall wir. Gerbstoffe schmecken ungefähr so wie starker schwarzer Tee, der 15 Minuten gezogen hat. Der hilft dann zwar gegen Magenbluten und Durchfall, aber wenn Sie zu viel davon trinken, wird Ihnen schlecht. Gerbstoffe in größeren Mengen sind also nichts für den Salat.

Das Herzchen unter den Bäumen: die Linde

Ein städtischer Baum hat allerdings ein sanfteres Wesen. Er war immer schon für alle da und hat nicht umsonst ein herzförmiges Blatt und eine herzförmige Silhouette. Die Linde! Alle Lindenarten in der Stadt dürfen Sie getrost als Speiselaubbäume betrachten. Am besten schmecken die Blätter unserer einheimischen Sommer- und Winterlinde. Bei den ausländischen Linden, wie Krimlinde oder Amerikanische Linde, kann es sein, dass Ihnen die Blätter zu derb sind. Probieren Sie ruhig alle einmal. Giftig ist keine von ihnen.

Lindenblätter am Stamm in idealer Pflückhöhe: die direkte Aufforderung zuzugreifen!

Eine Liebeserklärung? Verschenken Sie doch mal so ein Brot.

Die Linden machen die Blätter extra für uns in idealer Sammelhöhe, auch für Kinder: am Stamm! Das verstehe ich als direkte Aufforderung zur Selbstbedienung. Die Blätter sind immer saftig und knackig und manchmal sogar ein wenig süß! Die gehören bei mir in jeden Salat und aufs Brot oder ich nasche sie einfach zwischendurch. Außerdem haben Sie mit so einem Blatt immer ein Herz zum Verschenken …

Gelbe Blumensträuße vom Bergahorn

Am schönsten als Salatdeko finde ich die gelb-grünen Blumensträußchen der in den Städten oft gepflanzten Bergahornbäume. Ich merke mir immer schon im Herbst, wo sie stehen, denn diese Bäume haben die prächtigsten Herbstfarben, die ich mir vorstellen kann, Rot, Orange, Gelb und Braun. Sie haben die schönsten Blätter, die ich kenne. Und

ihre Blüten mit fünf Blütenblättern sind wirklich wie ein kleiner Blumenstrauß angeordnet. Sie schmecken saftig und ganz leicht süß und krönen mit ihrer Schönheit jeden Salat.
Die gelben Blüten der anderen Ahornarten sind ebenfalls essbar, aber mehr herb als süß.

Ulmenschnee

Neulich stand ich auf einer belebten Straße mitten in der Stadt im Mai im Schnee, so dachte ich. Der war aber nicht weiß, eher in einem hellen Braun, nein, nicht von der Industrie! Es waren die Ulmensamen, genauer: Ulmennüsse, die in Massen herabschneiten und den Boden bedeckten. In der Mitte der hauchdünnen Tragblättchen sitzt ein winziger Samen. Diese fliegenden Samen dürfen in Mengen in den Salat. Ich habe mehrere Hände voll gesammelt und in meinen Salat getan.

Federleichte, interessante, leicht nussig schmeckende Salatzutat: Ulmennüsse.

Verbotener Vorgarten: Magnolien

Haben Sie schon einmal die Knospen von Magnolien probiert? Sie haben sich noch nie getraut, weil die nur in Nachbars Garten … Oder Sie haben gehört, die seien giftig? Richtig, alles an ihnen ist giftig bis auf die Blüten. Noch im Knospenstadium sind sie herb-süß-knackig-

Magnolienknospen schmecken noch besser als die geöffneten Blüten. Alles andere an der Magnolie ist jedoch giftig und ungenießbar.

saftig. Ich frage immer wieder mal einen Besitzer, ob ich aus seinem Vorgarten eine naschen darf, und schon sind wir im nettesten Gespräch, denn die wenigsten wissen, welche Köstlichkeit sie da in ihrem Vorgarten haben. Bisher konnte ich die meisten vom guten Geschmack der Knospen überzeugen. Sie wundern sich über: »die meisten«? Und hatten erwartet: »alle«?

Nun, dafür können die Menschen nichts. Aber die Magnolien. Denn die roten schmecken besser als die weißen, die Knospen besser als die aufgeblühten. Kein gekaufter Salat kann so schön sein wie eine Magnolienblüte! Die etwas überalterten erinnern allerdings im Geschmack ein wenig an Seife …

Smoothie-Happening

... MIT HINDERNISSEN

In meinem Garten treffe ich mich ab und zu mit Botanikfreunden, um die Geheimnisse und Wunder der Pflanzenwelt zu diskutieren. Heute habe ich zum Smoothie eingeladen. Ich habe Obst besorgt und den Garten »aufgeräumt«. Das heißt, ich habe die Pflanzen, an denen kleine Nummernschilder stehen (nein, viel kleiner als beim Auto, würde ja sonst die Ästhetik stören), von den danebenstehenden Kräutern befreit, denn die nummerierten sollen geraten werden. Die ausgerissenen kommen in den Smoothie.

Es reicht nicht für alle

Nun fehlen mir allerdings noch Kräuter. Zehn Personen haben sich angesagt, und die Mengen dafür geben die Beikräuter leider doch nicht her. Da ist ein **Giersch**pflänzchen, säuberlich mit einem Schildchen versehen, ein **Wiesen-Labkraut,** eine **Gänsedistel,** ebenfalls mit Schild, dann noch 150 weitere Wildkräuter, dazu einige Obststräucher, aber leider nicht genug Platz für Felder zum Abernten. Ich mache mich also auf den Weg. An Straßen- oder Wegrändern müsste doch in unserem grünen Dörfchen etwas zu finden sein. Zumindest für jemanden wie mich, der mehr als 400 essbare Wildpflanzen kennt.

Pflegeleicht ...

Dieses Wort kennen Sie nur vom Wäscheetikett? Warten Sie ab! In meiner Wohnstraße finde ich nämlich erst mal nichts Essbares, aber viel Pflegeleichtes … Kirschlorbeerhecken, Ligusterhecken, Weißdornhecken: alles ungeeignet. Giftig oder stachelig. Dahinter englischer Rasen. Noch nicht mal ein **Gänseblümchen** oder ein **Löwenzahn.** Ein Haus hat im Vorgarten Hecken aus Buchsbaum. Die schützen ja vor bösen Geistern. Meinen die mich? Leider auch giftig. Dahinter blank geputzte Erde mit einem Rosenstrauch in der Mitte. Die **Rosenblüten** könnte man natürlich ernten. Sehen aber zu schön aus! Und sind außerdem sicher kräftig gespritzt …

Die anderen Vor»gärten« bestehen aus Steinwegen und Steinen, dazwischen ein Ziergras, das mich an die harten Gräser auf Mallorca erinnert. Das schaffen nur Ziegen. Dann flächendeckend Cotoneaster. Wieder nichts. An einer Beetkante immerhin ein **Vergissmeinnicht.** Das wandert in meinen Sammelkorb. Stand ja an der Kante zur Straße. Hoffentlich hat das keiner gepflanzt oder/und mich mit dem Fernglas beim Pflücken beobachtet. Ich bin ja bekannt hier, weil ich schon ein paar Kräuterbücher geschrieben habe. Also weiter.

Im nächsten Beet immerhin **Lavendel.** Passt jetzt aber gerade gar nicht. Außerdem ist der Besitzer im Garten. Da kann ich noch nicht mal ein Blättchen fürs Schlafkissen klauen.

An der Straße stehen immerhin zwei **Linden.** Die machen ja extra für uns am Stammfuß die Ausschläge, damit wir die saftigen süßen Blätter das ganze Jahr über pflücken und essen können! Damit füll ich mir den Korb jetzt halb voll. Lindenblätter und ein Vergissmeinnicht? Da muss doch noch mehr sein!

... und ungenießbar

In einem weiteren Beet und am Rand: verwilderte Akelei. Wunderschön. Leider giftig. Taugt nur als Liebeskraut (die Blüten in Wein für die Förderung der männlichen Potenz) und nach Hildegard von Bingen zur Bekämpfung von Polypen bei Kindern. Aber alles nur nach strenger Vorschrift, da ansonsten giftig. Auch nichts für heute Abend. Daneben **Weihrauchkraut** und **Geranien.** Und ein paar **Eisbegonien!** Die Blüten würden sich mit ihrem Zitronengeschmack supergut eignen! Ich hab aber Angst, dass der Besitzer mich haut, wenn ich zugreife. Daneben meterlange Hecken aus Lebensbaum, flächendeckend Cotoneaster als Bodendecker. Ein arbeitsfreies Gelände, weder schneiden noch mähen, aber eben auch nicht ernten. Pflegeleicht eben … Gibt es denn hier keine Wildnis mehr?

Vor einem Haus wächst der Herbst-Löwenzahn. Welch ein Lichtblick in der Steinwüste!

Frische Kräuter: gratis, regional, bio, vegan, eiweiß- und vitaminreich, vielseitig, bunt!

Aldi statt Wildnis

Ich muss also wirklich noch weiter. Im Dorf gibt es im Umkreis von einem Kilometer fünf große Lebensmitteldiscounter. Es scheint wohl noch keine Notwendigkeit für Selbstversorgung zu bestehen. Noch vor etwa 50 Jahren waren hier im Dorf die Vorgärten und die kleinen Hinterhofgärten für die Besitzer Oasen des Gemüseanbaus. Und heute? Tönt ein Rasenmäher nach dem anderen …

So wächst in mir wieder einmal die große Sehnsucht nach der »essbaren Stadt«. Wie wäre es denn, wenn alle Privatgärten, städtischen Beete, der Stadtpark und die Straßenränder zum Großteil unter dem Gesichtspunkt bepflanzt wären, dass sie Essbares hergäben? Apfelernte an der Hauptstraße, Maronen im Park, Wildkräuter neben dem Spielplatz, Himbeeren und Haselnüsse an der Hecke … Das wäre ganz einfach! Ein Paradies!

Die Notlösung aus der Rasenspirale

Zurück zum Smoothie-Happening. Es muss für heute die Notlösung her: Ich habe meinen Rasen geplündert, den ich bewusst in der Mitte nicht komplett mähe, sondern in einer Linie wie eine Spirale wachsen lasse. Das ist erstens eine schöne Form, die sicherlich positive Energie bringt, und ich kann den unbescholtenen Besuchern und Nachbarn solches als »Schönheitsbeet« erklären. Meine Botanikfreunde fangen da sowieso sofort an zu naschen. Nur mal angenommen, ich würde meinen Nachbarn die Wahrheit erzählen, dass dies nämlich meine Gemüsetheke ist und dass mich die Spirale beim Reingehen energetisch in mein Innerstes, beim Rausgehen in die weite Welt führt, zweifeln sie möglicherweise an meinem Verstand.

Aber das Spiralgehen beruhigt die Nerven nach der gerade gemachten Erfahrung. In einem Hattinger Krankenhaus, das Naturheilkunde anbietet, ist eine ähnliche Rasenspirale im Patientengarten als Therapeutikum angelegt. Das nur zu meiner Verteidigung.

In der Spirale wachsen viele Kräuter wie **Wegerich, Gänseblümchen, Gartenschaumkraut, Löwenzahn, Schafgarbe, Wiesen-Labkraut** und **Orangerotes Habichtskraut,** ganz normales Zeug, das in vielen »wild gepflegten« Rasenflächen vorkommt, wenn man es lässt. Das alles zusammen mit zwei Handvoll Blättern der **Himbeersträucher** kommt nun in den Smoothie. Nicht zu vergessen, das eine **Vergissmeinnicht** von unterwegs: die Blüte obendrauf.

Veggie-Messe, muss das ...?

Letztens auf der Veggiemesse in Düsseldorf gab es schon getrocknete Smoothies in Würfelform zum Mitnehmen und Aufgießen, wie Tütensuppen eben. Wie praktisch, für unterwegs. Es gab Moringa aus der fernen Südsee und getrocknete Algen aus dem fernen Hawaii. Alles biologisch und fair gehandelt. Ich bin vorbeigegangen und dachte: »Wie gut, dass ich meinen Rasen habe, der ist einfach viel frischer als diese Hawaii-Kräuter!«

Am nächsten Stand dann: Löwenzahnblatt-Pulver … clevere Geschäftsleute! Nun gut, für die Stadtbewohner, die nirgendwo was Grünes finden außer auf der städtischen Hundetoilette.

All meinen Lesern wünsche ich eine blühende Gesundheit: erstens durch den Smoothie mit seinen unzähligen Vitaminen und sekundären

Smoothie mit Gänseblümchen, Spitzwegerich, Banane, Apfel, Zitronensaft & Brennnessel.

Pflanzenstoffen in bestens verdaubarer Form. Und zweitens durch die Wanderung, die dafür nötig war und die zusätzlich frische Luft, optimale Sauerstoffversorgung, gute Laune und Bewegung liefert!

FRUCHTIGER MÜNCHNER ISAR-SMOOTHIE

Machen Sie beim Smoothie doch, was Sie wollen ...

Jetzt fragen Sie sich sicher die ganze Zeit nach dem Smoothie-Rezept. Ich bin so eine »Pi-mal-Daumen-Köchin«. Machen Sie einfach, was Sie wollen. Es gibt mittlerweile so viele Rezeptbücher dazu. Die Rezepte scheitern bei mir oft daran, dass ich gerade die Zutaten nicht habe. Nehmen Sie 4 Feigen – oder 10 Aprikosen oder 20 Physalis oder Babyspinat oder 300 g Brombeeren ...

Regeln für Anfänger

Halten Sie sich an folgende Faustregel: etwa die Hälfte Obst, ein Viertel Grünzeug, dann so viel Wasser dazu, wie Sie mögen. Manchmal löffle ich das Zeug lieber wie einen Brei, manchmal hab ich richtig Durst und fülle mit einem Liter Wasser auf.

Meine Lieblinge sind die Smoothies mit Mango, Trauben und/oder Kiwi. Standard ist Apfel und etwas Zitrone oder Orange. Zum Süßen eignen sich Bananen, Birnen, Trauben und frische oder getrocknete Feigen. Superlecker: Erdbeeren und Himbeeren.

Allerdings ruinieren sie die Farbe, denn die Mischung von Rot und Grün ergibt bekanntlich Braun. Das ist nichts für Anfänger. So ähnlich wie bei der Brennnessel als Zutat, auch die färbt das anfangs hübsch

Der Smoothie ohne Brennnessel wird satt grasgrün! Die Deko bringt mehr Farbe ins Spiel.

sattgrüne Zeug in wenigen Sekunden braun. Das Eisen rostet! Das macht der Geschmack aber wieder wett.

»Die unsichtbare Kraft in Lebensmitteln«

Und für mich und meine Gäste bitte komplett bio! Dazu empfehle ich Ihnen das Buch *Die unsichtbare Kraft in Lebensmitteln* von A. W. Dänzer (Verlag Bewusstes Dasein 2014). Darin wird bildhaft durch Kristallisationsversuche dargestellt, welche Energie in Bio-Lebensmitteln steckt, die in konventionell erzeugten Nahrungsmitteln nicht mehr nachzuweisen ist, noch weniger in Gentech-Nahrung oder in mit Mikrowellen bestrahlten Lebensmitteln.

Isar-Smoothie

In großen Mengen dürfen rein: Brennnessel, Wiesen-Bärenklau, Giersch, Vogelmiere, Birkenblätter, Lindenblätter, Löwenzahn, Brombeer- und Himbeerblätter, Wiesen-Labkraut, Weiße, Rote und Gefleckte Taubnessel, Spitz- und Breitwegerich, Gänsefingerkraut, Gänseblümchen.
Nur einige Blätter von: Gundermann, Melisse, Gänsedistel, Schafgarbe.

Zutaten für 4 Personen:

1 l Wasser
2 Handvoll saftige Wildkräuter
2 Äpfel ohne Kerngehäuse
1 Birne ohne Kerngehäuse
1 geschälte Mango
1 geschälte Banane
1 geschälte Zitrone
5 getrocknete Datteln

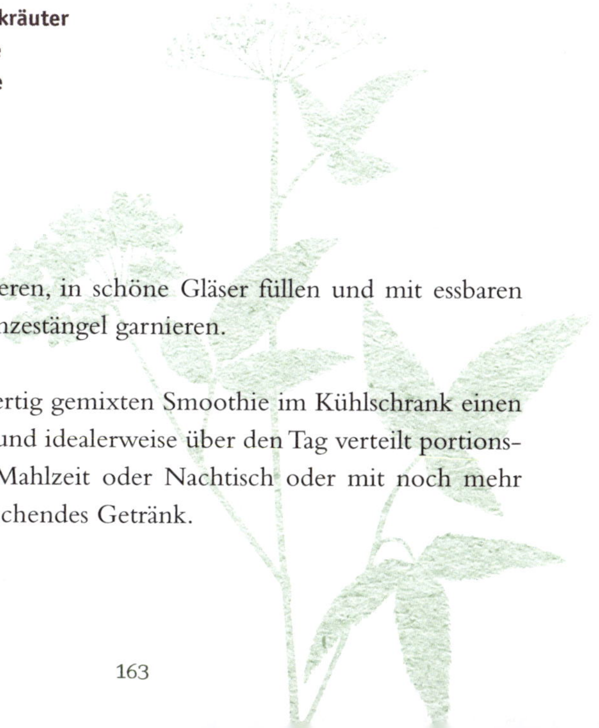

› Alles im Mixer pürieren, in schöne Gläser füllen und mit essbaren Blüten oder einem Minzestängel garnieren.

Tipp: Sie können den fertig gemixten Smoothie im Kühlschrank einen Tag lang aufbewahren und idealerweise über den Tag verteilt portionsweise genießen – als Mahlzeit oder Nachtisch oder mit noch mehr Wasser gemixt als erfrischendes Getränk.

DEFTIGER MÜNCHNER SUPPEN-SMOOTHIE

Für deftige Smoothies (mit Avocado, Mandelmus, Sojasoße …) eignen sich Giersch, Bärlauch, Knoblauchsrauke, dazu alle herb schmeckenden Kräuter wie Ehrenpreis, Löwenzahn und Gänsedistel und natürlich alle neutralen Kräuter wie Wegerich, Wiesen- und Kletten-Labkraut sowie die Vogelmiere.

Der Trank wirkt »supersmooth« durch eine Avocado, würzig-herzhaft durch Sojasoße, Hefe und Salbei und ist als rohe Suppe mit den herrlichen Fetten der Avocado eine Gesundheitsbombe!

Die folgende Mischung ist eine von mir etwas veränderte Version eines Rezepts aus meinem Lieblingskochbuch für rohe vegane Küche von Urs und Rita Hochstrasser: *Rohkost vom Feinsten,* Edition Sonnenklar, Siva-Natara Verlag 2012.

Mehr Köstliches frisch vom Flussufer:
Limo to go aus Mädesüß und Wasserminze. Dazu einfach die Pflanzenteile in mitgebrachtes kaltes Wasser legen und schütteln. Nach einer halben Stunde schon schmeckt das Wasser lieblich-aromatisch!

Suppen-Smoothie für Rohkost-Veganer

Zutaten für 4 Personen:

1 Handvoll frischer Wildkräuter
300 ml Wasser
2 Äpfel
1 Avocado (geschält) inkl. Kern
1 EL Mandelpüree (aus dem Bioladen)
1 EL Sojasoße oder Tamarisoße (Bioladen)
1 TL Hefepaste (Bioladen)
einige Blätter Salbei oder Currykraut
einige Basilikumblätter
etwas Salz und Curry

› Alle Zutaten im Mixer pürieren. In dieser Form ist es eine dicke »Gemüsesuppe« zum Löffeln.

Tipp: Wenn ich von Mixer spreche, meine ich die »Porsches« unter den Küchenmaschinen, die Möhren und Löwenzahn innerhalb einer Minute eine Apfelmus-Konsistenz verleihen. Nur sie können faserreiche Wildkräuter, Nüsse und selbst den Avocadokern in eine softe, angenehme Masse verwandeln. Beim Normalmixer würden zu viele Stückchen drinbleiben. Die Hochleistungsmixer knacken die Zellwände der Pflanzen. Dadurch können wir sekundäre Pflanzenstoffe, Vitamine und Mineralien in größerer Menge aufnehmen als beim normalen Kauen. Zum Wohle des Körpers und seiner Bewohner. Ja, auch Ihre 70 Billionen Darmbakterien freut das! Geeignete Mixer haben 600 bis 1800 Watt und kosten zwischen 40 und 1000 Euro. Ich sagte ja: Porsche!

Naschbares im Sommer

KRÄUTER, KRÄUTER, KRÄUTER …

Auch im Sommer dürfen Sie all die Kräuter genießen, die Sie bereits im Frühling genascht haben. Jetzt sind Sie ja schon erfahren und gestehen den Lieblingen »Sommer« zu: Das heißt, dieses ganz Frische, Knackige, Ultrazarte, Jugendliche ist einem »erwachsenen«, etwas deftigeren Geschmack und einer nicht mehr ganz so zarten Konsistenz gewichen. Nun, wir haben ja als Erwachsene auch nicht mehr diese zarte, dünne Babyhaut.

In einigen Kräutersammelbüchern steht ja nur: Sammeln Sie von April bis Mai … Und was sollte Ötzi den Rest des Jahres machen? Da hatte er doch auch Hunger!

Auffällig bei der Knoblauchsrauke: Die Grundblätter sind rund wie Babyköpfchen, die Stängelblätter spitz und eher dreieckig und werden – wie Erwachsene auch – immer kantiger …

So schmeckt's auch im Sommer

Die Lösung: Schneiden Sie die Kräuter sehr klein! Dann fällt die Sommerqualität nicht so auf.

Falls Sie Ihre Kräuter aus dem Rasen geerntet haben, werden diese in gewohnter Manier nach einem Schnitt frisch und zart wiederkommen. Auch gemähte Straßenränder liefern nach einiger Zeit wieder jugendlich aussehendes Kraut. Sogar die frischen, großen, runden Grundblätter der **Knoblauchsrauke** tauchen im Sommer wieder auf, allerdings nie mehr so zart wie im Frühling. Ihr Job ist ja nun, Blüten und Samen zu bilden und/oder ihre Wurzeln zu stärken. So fließt ein Teil der Kraft und Nährstoffe eben nicht mehr in die Blätter. Und Sie können jetzt mal die Blüten oder Samen kosten – bei vielen Kräutern, zum Beispiel dem **Wiesen-Bärenklau,** ein echtes Geschmackserlebnis. Ich verspreche Ihnen: Danach sind Sie wach!

WEGERICH-PILZPFANNE

Dieses Gourmetkraut ist im Sommer überall zu ernten – so lange, bis die echten Pilze rauskommen. Die braunen Blütenköpfchen des Spitzwegerichs, die mehr an Fleisch oder Pilze als an Blüten erinnern, schmecken roh im Salat und gebraten in der Pfanne wie Champignons! Am besten schmecken die dunklen, glatten, die noch ganz geschlossen sind, roh. Aber auch die aufgeblühten kann man ernten und für die Pfanne gebrauchen. Wenn es nicht reicht, nehmen Sie einfach die Blätter dazu – oder die Blätter und Blüten vom Breitwegerich. Die Blätter sollten Sie aber in millimeterdicke Streifen schneiden, denn die Blattadern sind doch etwas zäh. Vielleicht tröstet es Sie, dass zumindest unsere freundliche Darmflora, die für einen Großteil unseres Immunsystems zuständig ist, sich über diese zähen Ballaststoffe freut!

So ein Massenbestand an Spitzwegerich macht die Ernte für die »Pilzpfanne« leicht.

»Pilze« im Hochsommer

Zutaten:

1 Zwiebel
3 Knoblauchzehen
etwas Öl
3 Handvoll junge, zarte Köpfchen des Spitzwegerichs
Salz, Pfeffer, Paprikapulver

› Zwiebel und Knoblauch klein schneiden und mit Öl in der Pfanne leicht anbraten. Die Spitzwegerichköpfchen dazugeben und in 10 Minuten bei mittlerer Hitze anbräunen.

› Mit Salz, Pfeffer und Paprikapulver würzen.

Köpfchen des Spitzwegerichs

Tipps: Die Köpfchen schmecken hervorragend auf Salat oder auf Käsebrot, als Gemüsebeilage oder mit anderen Gemüsen gemischt.
Krosser gebraten kann man sie auch kalt wie Chips genießen.

Blütensalat mit Rosenblütenblättern, Gänseblümchen und Walderdbeeren.

WILDBLÜTENSALAT FÜR ALLE

Im Sommer 2015 war ich im Urlaub im Allgäu, einer Region, wo es wesentlich mehr essbare Blüten gibt als in den Innenstädten. Dort wäre es ein Leichtes, einen Blütensalat aus 50 verschiedenen Wildblüten zu machen, in allen erdenklichen Farben, wenn man zwischen 1000 und 2000 Metern Höhe wandert und sammelt. Ich beneidete die Kühe ein wenig, die diese Geschmacksvielfalt genießen durften, und bediente mich wie sie an der bunten Pracht.

In einem Restaurant in Bad Hindelang stand Wildkräutersalat auf der Speisekarte! In fünf Varianten, mit und ohne Blüten. Ich war total begeistert! So sehr ist die Idee also schon in der Öffentlichkeit angekommen, dachte ich. Eigentlich kein Wunder, hier in dieser Kräuterfülle. Ich bestellte mir den Wildkräutersalat mit Blüten. Was soll ich sagen?

Der Salat schmeckte hervorragend. Mit Cashewnuss-Soße. Beim Sezieren des Salates (ich kann nicht anders) habe ich allerdings *kein einziges* Wildkraut gefunden. Der Salat bestand aus den üblichen Blattsalaten wie Portulak, Mangold und Feldsalat und obenauf fünf Blüten.
Vor der Tür des Restaurants wuchs auf saftigen Wiesen die »echte« wilde Salattheke: Weiß- und Rotklee, Gänseblümchen, Löwenzahn, Wiesen-Labkraut, Spitz- und Breitwegerich, Giersch, Wiesen-Bärenklau, Vergissmeinnicht, Kleiner Wiesenknopf. Die gab es dann abends in meinem selbst gesammelten Salat auf dem Campingplatz.

Kunterbunter Blütensalat

Zutaten für das Dressing:

Öl und etwas Balsamico-Essig
ein wenig Salz, Pfeffer und Zucker
nach Belieben einige Nüsse

Grüne Kräutermischung als Salatgrundlage:

- **Blätter von Wiesen-Labkraut, Gänseblümchen und Löwenzahn**

Krönen Sie das Ganze mit essbaren Blüten:

- **… zum Beispiel von Stockrosen, Rosen, Gänseblümchen, Löwenzahn, Veilchen, Vergissmeinnicht, Eisbegonien, Taglilien, Kapuzinerkresse, Dahlien, Stiefmütterchen, Zucchini**
- **auch alle Blütenköpfchen, die aussehen wie Löwenzahn**
- **dazu die rausgezupften lila Blütchen aus jeder wilden oder Zier-Distel**
- **und die Blüten aus geschossenem Salat, Rettich, Brokkoli, Senf**

SÜSSE UNBEKANNTE FELSENBIRNE

Im Juli locken in Parks und Privatgärten die köstlichen Früchte der Felsenbirne. Sowohl *Amelanchier ovale* als auch *Amelanchier lamarckii* werden oft als Ziersträucher gepflanzt wegen ihrer schönen, fünfzähligen weißen Blüten oder Letztere auch wegen ihres rötlichen Laubs. Die Beeren kennen die wenigsten. Das wundert mich nicht, gibt es doch gerade bei Ziersträuchern wie auch bei einheimischen Beerensträuchern tatsächlich viele giftige.

Die Felsenbirnenbeeren sind zunächst grün, dann rosa, dann rot und zuletzt im reifen Zustand blauviolett. Sie schmecken süß und dürfen zu Marmelade verkocht werden. Roh schmecken sie ebenfalls köstlich. Ich esse sie immer in großen Mengen. Man darf allerdings nicht die Kerne zerkauen, da sie ganz geringe Mengen Blausäure enthalten. Die unzerkauten Kerne verlassen unbeschadet den Darm.

Die Früchte der Felsenbirne sehen aus wie Beeren und sind im Juni bis August reif.

Naschbares im Herbst

MARONEN AUS DEM STADTPARK

Verwechseln Sie die Maronen nicht mit Rosskastanien! Die Früchte sehen sich sehr ähnlich, aber spätestens wenn Sie versuchen, die Rosskastanie zu schälen und reinzubeißen, werden Sie merken, dass da etwas nicht stimmt. Bitter und hart! Die Rosskastanien waren früher nur für hustende Pferde. Die bekamen sie als Hustensaft mit ins Futter. So ein Ross kann das aushalten, so ein Mensch nicht …

Verschenken Sie Glück!

Rosskastanien sind trotzdem nicht zu verachten. Falls Sie bei einem Liebes-Date im Stadtpark die Blumen vergessen haben, überreichen Sie bitte keine dort abgerissenen Zierblumen! Das könnte das Vertrauen in Sie stark erschüttern. Verschenken Sie stattdessen drei oder fünf Kastanien: Die bringen Glück, wenn man sie in der Tasche hat! Aber es muss nach alter Tradition eine ungerade Zahl sein. Das ist doch eine tolle Geste!

Und wenn sie noch frisch sind, könnte der Beschenkte aus ihnen zur Not noch eine Waschlauge herstellen, indem er sie schält, zerschneidet und eine Weile mit etwas Wasser kocht. Darin kann er dann seine Hose waschen, die ja vom Date im Stadtpark grüne Flecken am Hinterteil aufweist. Altes Rezept aus den Alpen, als es noch keine Vollwaschmittel, geschweige denn Waschmaschinen gab. Ich weiß aber nicht, ob die Österreicher auch die Kastanien zu jedem Date mitgebracht haben.

Edelkastanien für Maronenfans

Sammeln Sie für den Gourmet-Gaumen lieber Maronen von der Edelkastanie. Das örtliche Grünflächenamt hat ein Baumarchiv, in dem alle städtisch verwalteten und betreuten Bäume aufgelistet sind. Oder fragen Sie die Eichhörnchen. Die wissen genau, wo Maronen, Eicheln, Bucheckern und Nüsse zu finden sind, weil sie viele der Bäume selbst gepflanzt haben! Ich hab sie dabei beobachtet. Die Pflanzungen werden zu wunderbaren Erntewäldern für ihre Urururururenkel. Und für meine! Leider nicht folgenlos, denn das Eichhorn hat ein Problem: das Bundesnaturschutzgesetz! »Das Ausbringen von Pflanzen gebietsfremder Arten in der freien Natur sowie von Tieren bedarf der Genehmigung der zuständigen Behörde (§ 40 Abs. 4 Satz 1). Ordnungswidrig handelt, wer vorsätzlich oder fahrlässig ohne Genehmigung nach § 40 Absatz 4 Satz 1 eine Pflanze einer gebietsfremden Art oder ein Tier ausbringt (§ 69 Abs. 3 Nr. 17). Die Ordnungswidrigkeit kann [...] mit einer Geldbuße bis zu zehntausend Euro geahndet werden (§ 69 Abs. 6).«
Ich denke, die Eichhörnchen wissen genau, dass der Klimawandel im Gange ist, und tun es auch für uns. Nicht umsonst wachsen mittlerweile Maronen in vielen Wäldern massenweise, weil sie das wärmere Klima gut vertragen. Sie tragen nicht so große Früchte, wie wir sie vom Weihnachtsmarkt kennen, aber immerhin alle paar Jahre doch eine reiche Ernte kleiner Früchte, die geröstet, in der Suppe oder (mir am liebsten) unterwegs gleich roh verspeist schmecken. Dankeschön mal eben an alle Eichhörnchen für die weise, vorausschauende Planung!

Die Hüllen der Maronen haben viel mehr und feinere Stacheln als die der Rosskastanien. Zum Glück öffnen sie sich von selbst und lassen die reifen Früchte herausfallen.

Maronen wie vom Weihnachtsmarkt

Zutaten:

Maronen (Esskastanien) in beliebiger Menge

Sobald die Maronen vom Baum fallen, sind sie genießbar. Sammeln Sie ungeniert, was das Zeug hält.

› Den Backofen auf 200 °C vorheizen. Die Maronen mit einem scharfen Messer auf der flachen Seite kreuzweise einritzen.

› Nun die Maronen für 15 Minuten auf dem Blech in den Ofen schieben, dann wenden und noch mal circa 5 bis 10 Minuten rösten.

› Dann herausholen, schälen und warm genießen.

Baumhaseln tragen alle paar Jahre so reichlich, dass man die Nüsse einfach aufkehren kann.

BAUMHASELN – LECKER FÜRS MÜSLI

In vielen Städten wurden vom Grünflächenamt Alleen aus Baumhaseln angelegt. Ein Amtsleiter sagte mir einmal, dass die Bäume wegen ihrer Schnellwüchsigkeit und ihrer hübschen kegelförmigen Silhouette gepflanzt wurden. Da hatte man noch nichts im Sinn mit der »essbaren Stadt«. Heute können wir uns glücklich schätzen über die verschwenderische Fülle dieser Bäume! Ich kenne sie aus vielen Städten, und wenn im Herbst die Nüsse reif sind, kann ich das gar nicht verpassen, denn auf der Straße liegen die dicken büscheligen Samenstände.

Wenn ich wenig Zeit habe, kehre ich sie einfach auf und entferne die Fruchthüllen in Ruhe zu Hause. Ich habe früher mehrfach eimerweise mitten in der Stadt geerntet, mit Handfeger und Kehrschaufel, unter den erstaunten Blicken der Passanten. Heute sehe ich an den Stellen schon mehr Menschen, die um den guten Geschmack dieser Nüsse wissen. Zwei Dinge sind besonders: Die Nüsse schmecken eher nach Sonnenblumenkernen als nach Haselnüssen. Und man braucht einen Nussknacker für Mininüsse (da die Nüsschen oft nicht viel größer als Bucheckern sind) und dann die Zeit der langen Winterabende, um sie in Ruhe zu knacken.

LIEBESSMOOTHIE MIT KORNELKIRSCHEN

In vielen Städten findet man in Stadtparks oder um Sportplätze, an Flüssen oder als Straßenbegleitung Kornelkirschensträucher. Sie sind an ihren Blättern gut zu erkennen: Die Blattadern neigen sich alle in einem schönen Bogen zur Blattspitze hin. Die Kirschen sind im Gegensatz zu unseren Süß- und Sauerkirschen oval geformt, mit relativ festem Fruchtfleisch. In China gelten die roten Früchte als Liebesbeeren. Wer einmal gekostet hat, wird immer wieder davon essen wollen. Allerdings müssen die Kirschen richtig reif sein, sonst verziehen die meisten Menschen beim Kosten erst mal das Gesicht: extrem sauer! Optimal erntereif sind sie im dunkelroten Zustand im Oktober.

Kornelkirschen in der Farbe der Liebe …

Liebessmoothie

Zutaten für 4 Personen:

700 ml Wasser
300 g entsteinte Kornelkirschen
1 große Banane
1 Birne
3 entsteinte Datteln
etwas Zimt
4 Minzestängel

> Alles außer der Minze im Mixer pürieren, dann in 4 große Gläser füllen und mit je 1 Minzestängel garnieren.

WALNÜSSE AUS DEM PARK

Sammeln Sie bei schönstem Herbstwetter und lassen Sie so schon vorab Ihren Glückshormonspiegel steigen, ehe Sie dann die Walnüsse essen, die Sie mit einer Extraportion Serotonin versorgen. Walnüsse haben im Übrigen nicht nur die Form eines Gehirns, sie liefern auch genau dafür die B-Vitamine, b wie *brain*.
Die aufgesammelten Nüsse sollten Sie ausgebreitet zum Trocknen lagern. Ernten können Sie sie über mindestens vier Wochen. In dieser Zeit fallen immer wieder neue, reife Nüsse ab.
Gourmet-Tipp: Walnusskuchen backen können Sie, aber kennen Sie auch Walnusspaste als Brotaufstrich? Eine pikante Köstlichkeit!

Pikante Walnusspaste

Zutaten:

2 Zwiebeln
3 Knoblauchzehen
200 ml Olivenöl, davon etwas zum Andünsten
400 g Walnusskerne, mit der Nussmühle gemahlen
Salz, Pfeffer
so viel Petersilie und Wildkräuter, wie Sie mögen (z. B. Knoblauchsrauke, Giersch, Brennnesselspitzen), fein gehackt

› Zwiebeln und Knoblauch schälen und fein hacken. In etwas Olivenöl andünsten. Walnüsse hinzugeben, mit Salz und Pfeffer würzen.

› Die fein gehackten Kräuter unterrühren. In saubere Schraubdeckelgläser geben und mit Olivenöl auffüllen. Circa 1 Jahr haltbar.

› Schmeckt gut auf Brot oder zu Nudeln.

SCHMACKHAFTE KALORIENQUELLE: WILDE SAMEN

Gesundheitsbombe vom Straßenrand: Brennnesselsamen

Im Herbst genießen Sie Brennnesselsamen, die etwas nussig schmecken. Sie werden als Anti-Aging-Mittel in der Geriatrie empfohlen, enthalten viel Magnesium, Eisen, Kalzium und Vitamine, geben jedem Müsli den letzten Gesundheitskick und waren schon immer als Aphrodisiakum zu gebrauchen.

Da es weibliche und männliche Brennnesseln gibt (immer wieder dieses Liebesthema bei der Brennnessel!), sollten Sie nach weiblichen suchen, denn nur die tragen Samen. Diese sind circa zwei Millimeter große dreieckige Kernchen, an Rispen aufgehängt, jung in Grün, reif in Braun, in jedem Zustand essbar.

Ich verspeise immer einige schon spontan am Straßenrand. Der Vorteil? Die Körnchen brennen nicht.

› Pflücken Sie die ganzen Rispen, legen Sie sie zum Trocknen aus und rühren Sie sie nach dem Trocknen durch ein Sieb: Die Samen fallen un-

Brennnesselsamen können Sie einfach unterwegs roh essen. Sie schmecken etwas nussig.

ten raus, die Rispenäste bleiben im Sieb und dürfen auf den Kompost. Die Samen werden in einem Glas aufbewahrt.

› Mit täglich einem Löffel im Salat, Müsli oder in der Suppe steht Ihrer Gesundheit nichts mehr im Wege. Sieht apart aus und beeindruckt sicher alle Ihre gesundheitsbewussten Freunde. Ich glaube, die wenigsten haben so eine nussig schmeckende, chlorophyllreiche Mineralien- und Vitaminbombe in roh-veganer Bioqualität im Schrank!

Luftige Staubfäden …

Sollten Sie nur männliche Blüten finden oder sich nicht sicher sein, welche Sie da vor sich haben, kein Problem: Alle sind essbar, alle gesund. Die männlichen Pflanzen bilden keine Samen, sind kleiner und haben nur »luftig« aussehende rosa Staubfäden statt der grünen oder braunen Körnchen an den weiblichen Blütenständen.

Nachtkerzensamen

An Brachflächen komme ich im Sommer nie vorbei, ohne meine Anti-Aging-Samen zu sammeln. Sie enthalten die begehrte Omega-6-Fettsäure Gamma-Linolensäure, die innerlich wie äußerlich gegen Neurodermitis hilft und in Antifaltencremes enthalten ist. Kennen Sie sie vielleicht auch in Kapseln verpackt als Nahrungsergänzungsmittel? Wild wachsende Nachtkerzen (Seite 147), oft ganze Monokulturen auf Brachen, an ehemaligen Bahndämmen oder frischen Baustellen, liefern reichlich für Selbstversorger. Gratis und bio!

Als ich die Samen das erste Mal gesammelt habe, wurde mir klar, warum meine Nachtcremes mit Nachtkerzenöl so teuer sind. Die Samen sind ja so klein!

Nachtkerzensamen für den Smoothie mit wertvollen Omega-6-Fettsäuren.

› Bewaffnen Sie sich also mit einer großen Tüte und kippen Sie die langen schlanken Samenstände einfach umgekehrt hinein. Die runden braunen Samen fallen von allein heraus.

› Die Körnchen dürfen dann in den Smoothie oder gemörsert in den Salat oder ins Müsli. Die Samen sind mindestens ein Jahr lang haltbar. Warum säen Sie nicht ein paar in den eigenen Garten?

Indisches Springkraut: Samen vom Palast des Maharadscha

Den Pinienkerneffekt schaffen Sie mit einem rosa Schätzchen mit Migrationshintergrund, dem Indischen oder Drüsigen Springkraut. Vielleicht kennen Sie es schon als »Orchidee des kleinen Mannes« oder

»Palast des Maharadscha«, wie es in seinem Heimatland Indien genannt wird. Eine Schönheit, dessen Blüten und Samen verzehrt werden dürfen. Die Blätter aber nicht!
Ich denke, die Samen sind tatsächlich für uns gedacht! Bei Berührung der drei Zentimeter langen Samenstände springen sie einem entgegen, fünf Meter weit! Sie dürfen im jungen Zustand in Weiß, halbreif in Hellbraun oder ganz reif in Dunkelbraun gegessen werden und schmecken wie Walnüsse oder Pinienkerne.
Sie dürfen auch in die Pfanne. Ganz leicht angeröstet schmecken sie am besten. Aber Vorsicht! Das »Springkraut« springt auch in der Pfanne! Hatte ich nicht anders erwartet, wer schon so heißt … Also nicht vergessen: Deckel drauf!

Blüte des Drüsigen Springkrautes, eines Lieblings von mir mit Migrationshintergrund. Die Blüten taugen als Salatdeko, auch wenn sie etwas fettig schmecken.

Naschbares im Winter

VOGELMIERE FÜR DEN STÄDTISCHEN WINTERSALAT

Ich lasse sie immer extra im Blumenkasten wuchern, weil ich weiß, dass die Vogelmiere mich nicht enttäuscht. Kein Sturm, kein Schnee, keine Wintertemperaturen scheinen ihr etwas anzuhaben. Sie bildet neue Blätter, sie blüht, sogar unter Schnee! Zugegeben, die Blättchen sind eine Herausforderung, weil eher in Vogelfuttergröße. Deshalb heißt sie ja Vogelmiere. Aber ein paar davon im Salat bereichern die Vitamintheke ungemein. Im Gegensatz zu gekauften Salaten hat die Vogelmiere etwa zehnmal mehr Vitamin B_1, das für den *brain,* den Verstand, so wichtig ist. Und für die Haut.

Früher war die Vogelmiere zudem, äußerlich angewendet, als Bestandteil mancher Heilsalben eine begehrte Pflanze.

Vogelmiere hat winzige weiße Blüten. Sie ist eindeutig daran zu erkennen, dass sie am Stängel eine Haarleiste hat, keine Rundumbehaarung wie viele andere. Eben etwas Besonderes!

Wintersalat mit Schafskäse

Zutaten für 4 Personen:

2 klein geschnittene Äpfel
150 g Schafskäse, in mundgerechte Stücke geschnitten
2 Handvoll Vogelmierenblättchen
1 Handvoll andere frische Winterkräuter wie Rote oder Gefleckte oder Weiße Taubnessel oder Franzosenkraut
1 EL Brennnesselsamen oder Nachtkerzensamen (Seite180/181)
1 EL Nüsse

Zutaten für die Soße:

3 EL Senf
1 EL Honig
3 EL Joghurt
1 Knoblauchzehe, fein gehackt
½ Zwiebel, fein gehackt
1 EL Balsamico-Essig
1 EL Öl
Salz und Peffer

› Bereiten Sie eine Salatsoße daraus zu, indem Sie alle Zutaten gut vermengen. Mischen Sie diese dann unter die Salatzutaten.

Tipps: Variieren können Sie den Salat, indem Sie verschiedene Nüsse oder gebratene Champignons dazugeben oder die Soße mit 1 Esslöffel Weißwein verfeinern. Alle frischen oder getrockneten Kräuter dürfen dazu. Noch interessanter wird die Soße durch die Zugabe von einigen Blättern fein gehackter Minze.

UND WIEDER: KARNICKEL-SCHÖNHEITEN

Die Karnickel lassen mich nicht los. Was fressen sie im Winter? Die vornehmen Stallhasen ausgesuchtes Heu, auch schon mal importieres Alpenheu … Warum nicht?! Wir essen ja auch Kiwis aus Neuseeland. Sie wissen allerdings inzwischen, dass ich mehr zu einfachen Lösungen neige, als Bauerntochter eben, mit Selbstversorgerinstinkt. In diesem Sinne geht es nicht, mal eben für Karnickelheu nach Tirol zu reisen.

Alpenheu nicht nur fürs Vieh

Die naheliegende Lösung: Wildkraut regional. Trocknen Sie sich doch die Kräuter im Sommer wie Heu und streuen Sie die über die Suppe, in den Smoothie, aufs Brot, in den Salat. Das kommt Ihnen komisch vor? Für unsere Rennmäuse gibt es Kräuter im Tierfutterladen: zehn Gramm für drei Euro. Da mag ich mir den Kilopreis gar nicht erst ausrechnen. Die Kräuter sind aber nicht mit Gold verziert oder so …

Das können wir auch selbst! Und früher in den Alpen war das sowieso selbstverständlich. Da gab es Speiselaub, für Vieh und Mensch, frische Blätter aufs Brot und getrocknete Blätter zum Strecken des Mehls. Man nahm dazu hauptsächlich Linden-, Feldahorn- und Ulmenblätter.

Fragen Sie die Oma nach Kriegsrezepten. Auch da wurde Brotmehl mit Weißkleeblüten, getrockneten Kräutern oder Eichelmehl gestreckt.

Und nun die Gewissensfrage: Ihre Karnickel fressen im Winter Heu. Und? Sehen sie dann weniger gut aus? Im Gegenteil, im Frühjahr wechseln sie das Fell – und auch das neue wird ultimativ glänzend herrlich, weil so viele Nährstoffe im Heu gewesen sind. Und nun? Auch Ihnen einen guten Appetit!

Winter-Potpourri

Wenn ich im Winter auf einen ungepflegten Rasen schaue, läuft mir schon das Wasser im Mund zusammen, eingedenk des **Löwenzahns.** Ich hole meinen Ausstecher und ernte die zarten, weißen, milchsafthaltigen Würzelchen, die saftig-frisch und leicht herb schmecken.
Bei Schnee und Frost finde ich auch immer noch **Taubnesseln** aller Art! Meist an Straßenrändern, Böschungen, gut gedüngten Unkrautstellen. Nicht immer mit Blüten, aber die Blätter sind durchaus noch gut als Salat zu gebrauchen.
Und an manchen Stellen in der Stadt, wo es trocken und staubig ist, an Orten, die von Acker-Beikräutern geliebt würden, finde ich Massenbestände von **Franzosenkraut.** Seine herrlich zart-würzigen Blättchen passen wunderbar in die Gourmet-Küche. Allerdings heißt das Kraut ursprünglich so, weil Napoleon das »Unkraut« angeblich auf seinen Feldzügen eingeschleppt hat. Sein zweiter Namen ist Kleinblütiges Knopfkraut, doch der wird ihm in keiner Weise gerecht.
Franzosenkraut gehört (neben der Brennnessel) zu den Kräutern mit dem höchsten Eisen- und Kalziumgehalt. Essbar sind Blätter, Blüten und Samen. Damit dürfen Sie sich im Winter fühlen wie Gott in Frankreich. Natürlich auch über den Rest des Jahres …

MEINE WILDE APOTHEKE

Detox ist sowas von »in« ...

EINFACH ENTGIFTEN MIT KRÄUTERTEE

Sollten Ihnen die vielen Hinterlassenschaften auf den Nahrungsmitteln in der Stadt nun doch Sorgen machen – wahlweise auch Ihr Alter, Ihre Falten, Ihr Gelage gestern in später Nacht oder Ihr ansonsten ungesunder Lebensstil –, dann machen Sie doch die Gratis-Detox-Kur. Es ist in der Stadt normalerweise genug für alle da! Das macht die Stadtflora ja extra für uns, damit wir nicht so weit laufen müssen, sondern fast vor der Haustür mit lebensverlängernder Entgiftung anfangen können.
Ich weiß natürlich, dass viele meiner Leser kein lasterhaftes Leben führen! Die meisten sind gesundheitsbewusste, verantwortungsvolle Personen, die ihren Kindern nur Obst und Gemüse geben, natürlich biologisch und natürlich fünf Portionen am Tag, und die ihre Gesundheit mit Sauna, Kneippanwendungen und frischen Kräutern erfreuen. Aber ich dachte, dieses Kapitel passt vielleicht für Ihre Nachbarn.

Detox-Tee? Endlich nimmt mich einer ernst!

Als ich neulich zum ersten Mal »Detox-Tee« eingekauft habe, hatte ich ausnahmsweise sofort die volle Aufmerksamkeit meiner 15-jährigen Tochter. Früher? Da konnte ich meine Krankenpflegeschüler fragen, was ein Toxin ist, und erntete nur fragende Blicke. Heute haben alle Detox-Cremes, Detox-Wurzelextrakte, Detox-Bäder und sogar Detox-Strümpfe zu Hause.

Mit diesem Detox-Tee hatte ich in den Augen meiner Tochter endlich einmal etwas Sinnvolles eingekauft, ein absolutes *Must-have,* und ich war ab sofort zu einer ernst zu nehmenden Gesprächspartnerin geworden. Drei Tage später war der Tee übrigens verschwunden, und ich hatte sie im Verdacht …

Bei uns im Badezimmer steht eine ganze Batterie von Gesichtskosmetik, Peelings, Cremes, sogar »Gesichtswasser und Puder in einem« – alles nicht meins, sondern gegen jugendliche Pickel und Hautunreinheiten. Als ich ankündigte, ich würde jetzt die Küche in ein Detox-Studio verwandeln, hatte ich sofort eine engagierte Mitstreiterin!

Die Welt in meiner Tasse

Und der Detox-Tee? Der gekaufte in praktischen Teebeuteln enthielt Brennnesseln, Melisse, Pfefferminze, Rotbusch, Mate, grünen Tee, Löwenzahnkraut und Wacholderbeeren. Die Welt in meiner Tasse! Brennnesseln und Wacholder aus Deutschland, Melisse ursprünglich aus Griechenland, Rotbusch aus Südafrika, Mate aus Südamerika und grüner Tee aus China, so weit gereist! Und übrigens: bio? Und in Einzeltütchen verpackt. Brauchen wir das?

Was hätte meine Oma gemacht? Die hätte das Zeug genommen, das vor ihrer Haustür wuchs. Bio, regional, frisch, ungespritzt. Und sie hätte wie gewohnt an Wintervorräte gedacht und das getrocknete Kraut in wiederverwertbaren Glasgefäßen aufbewahrt. Das können *Sie* auch haben: mitten in der Stadt.

Entschlackungstee von nebenan

Sie sehen schon, mindestens die Hälfte der Zutaten können Sie irgendwie selbst besorgen: Brennnesseln und Löwenzahn aus dem Stadtpark, Melisse und Minze vielleicht aus dem eigenen Blumenkasten. Statt Mate und grünem Tee nehmen wir etwas wesentlich Effektiveres, das viele Teehersteller vielleicht nicht kennen, nämlich das Ruprechtskraut (Stinkender Storchschnabel) und den Gundermann.

Bleigießerkraut Gundermann und Entgifter Ruprechtskraut

Der lila blühende Gundermann hieß nicht umsonst früher »Büchsenmacherkraut« oder »Bleigießerkraut«. Die armen, die sich mit Blei und sonstigen Schwermetallen vergiftet hatten, mussten täglich in Mengen Gundermanntee trinken oder aber das Kraut essen, um mit seiner Hilfe

Gundermann entgiftet nicht nur herrlich, sondern rankt auch schön in Blumenampeln!

die Schwermetalle auszuleiten. Auch heute noch ist der Gundermann bei naturheilkundlichen Entgiftungskuren nicht wegzudenken.
Das Kraut macht übrigens auch noch hellsichtig (das war schon im Mittelalter bekannt) und versetzt Sie damit vielleicht in die Lage, zukünftig besser zu erahnen, welche gesundheitsschädlichen »Tox-Taten« Sie in Zukunft lieber vermeiden sollten …
Das Ruprechtskraut, auch Stinkender Storchschnabel genannt, befreit von alten Traumata und von Melancholie genauso wie von körperlichen Giften, schreibt Roger Kalbermatten, der Begründer der Firma Ceres-Arzneimittel, in seinen Büchern. Also dürfen immer einige Blättchen des bitteren Krauts mit in den Tee.
Entgiftung mit Hellsichtigkeitseffekt und Melancholiebefreiung – das kann kein Tee vom Discounter liefern!

Stinkenden Storchschnabel findet man neben Mülltonnen, am Bahngleis, auf Brachflächen. Das machen die extra! Filigrane Schönheit vor tristem Hintergrund – Rescuekraut eben!

Alle Drüsen auf Hochtouren

Was tun die entgiftenden Kräuter sonst noch für uns? Wenn Sie Genaueres wissen wollen, empfehle ich Ihnen so herrliche Schinken wie den *Kosmos-Heilpflanzenführer* oder mein Lieblingsbuch *Praxis-Lehrbuch der modernen Heilpflanzenkunde* von Ursel Bühring (siehe Seite 266).
Hier nur ein paar Beispiele für die Heilwirkungen der Kräuter: **Brennnessel-** und **Birken**blätter regen die Nieren an, **Löwenzahn** hilft Nieren, Leber und Galle, **Gundermann** holt die Schwermetalle aus dem Bindegewebe, **Hasel**kätzchen regen den gesamten Stoffwechsel an, und **Gänseblümchen** bringen dank der Seifenstoffe (Saponine) alle Drüsen auf Hochtouren. Was wollen wir mehr?

Detox-Tee

Sollten Sie irgendein Kraut nicht dahaben, ist das nicht weiter schlimm: Alle aufgeführten (außer Minze und Melisse) wirken entgiftend, stoffwechselanregend oder harntreibend.
Melisse und Minze sind nur für den guten Geschmack darin, damit Sie regelmäßig möglichst viel davon trinken.

Zutaten:

- **Blätter von Brennnesseln, Birken, Minze, Melisse, Gundermann, Löwenzahn, Ackerschachtelhalm, Stinkender Storchschnabel; außerdem Haselkätzchen.**

› Sie können frische oder getrocknete Kräuter verwenden. In anderen Büchern steht immer: Nehmen Sie einen Teelöffel Kraut pro Tasse. Das gilt nur, wenn Sie dieses Kraut ultrafein gerebelt haben. Schätzen Sie die Menge also ungefähr ab.

› Lassen Sie den Tee 5 bis 10 Minuten ziehen. Für eine Entgiftungskur trinken Sie dreimal täglich eine Tasse, möglichst nüchtern.

Birkenpeeling

Zutaten:

2 Handvoll junge Birkenblätter, klein geschnitten wie Schnittlauch
80 ml Mandelöl
8 EL Zucker
1 EL Meersalz

› Alles vermischen, optimalerweise im Mixer pürieren und in einem 200-ml-Glas aufbewahren.

Tipps: Vorsicht, das sieht dann vielleicht lecker aus – also nicht neben der Marmelade aufbewahren! Falls sich aus Versehen jemand dran vergreifen sollte, kann ich Sie aber beruhigen: Der Mix ist nicht giftig, schmeckt jedoch auch nicht.
Dieses Peeling eignet sich für Gesicht und Körper. Die alten Hornschichten lösen sich auf sanfte Weise, und das Öl gibt einen leichten, angenehmen Fettfilm auf die Haut.

Machen Sie Ihre Heilmittel ganz einfach selbst!

STADTKRÄUTER FÜR ALLE FÄLLE

Der Sommer ist ideal, um sich aus städtischem Grünzeug eine Apotheke anzulegen. Sie brauchen gerade dringend ein Liebeskraut für Ihren Partner? Oder ein Medikament für den Gichtzeh der Oma? Sie haben Husten oder Rheuma? Eine entzündete Wunde oder Krämpfe? Keine Apotheke in der Nähe? Oder Sonntag? Und nur den Stadtpark oder eine »ungepflegte« Grünfläche in Reichweite? Ich muss grinsen, während ich das schreibe, denn das sind doch die besten Sammelstellen, und genau da könnte Ihnen geholfen werden!

Ich habe eine komplett selbst gemachte Kräuterapotheke aus der Wildnis. Da weiß ich einfach, was drin ist. Kein Paraffin, wie schon mal bei gekauften Hustendragees oder Heilcremes aus der Apotheke, keine Farbstoffe oder Aromen wie bei Vitamin-Brausetabletten.

Ich kann einfach nicht jäten!

Bei mir gibt es Unmengen Beikraut. Ich kann einfach nicht jäten! Ich *kann* nicht entscheiden, welches Kraut weniger wert ist, da ich für *jedes* eine gute Verwendung kenne. Ich sehe ein, dass es so nicht weitergeht. Mit mir. Mit meinem Garten. Mit meiner Entscheidungsschwäche …

Also frage ich mich nun tatsächlich: Welches sind denn die wichtigsten Kräuter für die Apotheke?

Welche Gebrechen haben SIE denn so?

Das kann ich nun leider nur für mich beantworten, da ich Ihre persönlichen Gebrechen nicht kenne. Es sei denn, Sie haben auf einer Party, bei der auch ich anwesend war, das Gespräch darauf gebracht, aus Gründen der Völkerverständigung.
Haben Sie Warzen oder Potenzprobleme, hohen Blutdruck oder Raucherhusten, Pickel oder Gicht, eine wahlweise schwache Niere, Milz oder Leber, ständig Muskelkrämpfe beim Joggen, Haarausfall, Einschlafprobleme oder Herpes, eine übernervöse Schwiegermutter oder Falten? Sie sehen nun, warum ich nicht jäten kann, denn jedes meiner Gartenwildkräuter hätte da etwas zu bieten, und jeder meiner Nachbarn hat einen anderen Bedarf.

TEES UND MEHR AUS EIGENER PRODUKTION

Socken, Schnaps und Selbstbewusstsein

Um Ihre Apotheke anzulegen, brauchen Sie nicht viel: ein paar alte Socken, das Selbstbewusstsein, jede Menge Schnaps zu kaufen, ein paar leere Marmeladengläser – und natürlich eine sichere Pflanzenkenntnis. Gut wäre auch, die Erlaubnis Ihres Partners einzuholen, im Sommer jede nur erdenkliche Fläche Ihres Balkons, Gartens oder Küchenfensters mit Kräutern zupflastern zu dürfen und ansonsten jede freie Fläche in der Wohnung mit denen, die gerade zum Trocknen ausliegen oder hängen. Sonst brauchen Sie auch noch ein Kraut gegen den schief hängenden Haussegen. Dagegen hilft übrigens ein Tee aus Lavendel und Melisse: beruhigt, fördert die Gelassenheit, stimmt heiter …

Und wo sollen Sie sammeln? Wie bereits weiter vorn gesagt: nicht auf Böden mit Altlasten, nicht direkt an der Hauptstraße, auch nicht an noch benutzten Bahntrassen wegen der Pestizide, die die Schienen frei halten. Und am besten ebenfalls nicht da, wo die städtische Hundetoilette ist, denn die zu trocknenden Kräuter sollen Sie nicht waschen.

Gefräßige Waschmaschinen und Duftkissen

Am einfachsten ist die Sache mit der Socke. Früher hab ich die getrockneten Kräuter immer aufwändig in kleine Kissenhüllen genäht, diese fein bestickt und dann den Kindern ins Bett gelegt. Lavendel und Hopfendolden zum Schlafen, Waldmeister, Rosenblüten und Mädesüß für schöne Träume, Farnspitzen gegen Schmerzen.

Neulich erzählte mir jemand, dass bei ihm ja immer die Waschmaschine die zweite Socke frisst und er die erste nun nimmt, um Kräuter darin aufzubewahren. Zuknoten, fertig.

Kleiner Einblick in meine große Tee- und Tinkturensammlung.

Besser für den Haussegen: Ein Trockengestell schafft Platz. Sonst müssten die Kräuter auf Arbeitsplatten, Kleiderschränken oder Schreibtischen lagern …

Manchmal muss man eben für einfache Lösungen einfach nur einen Mann fragen.

Seitdem warte ich immer darauf, dass meine Waschmaschine wieder Socken frisst. Nun habe ich verschiedene Socken mit verschiedenen Kräutern für alle Fälle. Bei Bedarf lege ich sie aufs Kopfkissen; durch die Bewegung und meine Körperwärme werden ätherische Öle und Wirkstoffe frei, die dann gut duften und ihre Wirkung entfalten.

Die Socken sind zwei bis drei Monate zu gebrauchen, dann sind alle Wirkstoffe verduftet, und sie müssen neu gefüllt werden.

Tee – theatralisch schön

Tee können Sie aus frischen oder getrockneten Zutaten aufbrühen. Vielleicht haben Sie auch schon einmal im Café einen Tee aus marokkanischer **Minze** getrunken? Da schwimmen die frischen Blätter im Tee – theatralisch schön. Das können Sie auch haben! Ich bin ja, wie Sie sicher schon bemerkt haben, für einfache Lösungen: Geben Sie einfach einen frischen Pflanzenstängel in die Tasse! Überzeugt jeden. Mittlerweile habe ich eine Sitzgruppe im Garten neben dem Kräuterbeet. Wenn ich Besuch bekomme, gibt es für jeden nur eine Tasse mit heißem Wasser. Das Kraut müssen sich die Gäste selbst pflücken: Spearmint-Minze für mich, Apfelminze für die zarteren Naturen, Kölnisch-Wasser-Minze für die Oma, **Anis-Ysop** für Onkel Paul, **Melisse** für die überarbeitete Freundin, **Salbei, Thymian, Malven**blüten, **Kampfer-** und **Bohnenkraut** für den Freund mit Raucherhusten, **Zitronenverbene** für alle für die gute Laune … Alle lieben das!

Richtig trocknen für schlechte Zeiten

› Für das Trocknen der Zutaten legen Sie möglichst ganze abgezupfte Blätter oder Blüten einzeln nebeneinander aus. Eine schöne, meditative Arbeit, das Jäger- und Sammlerherz schlägt höher, der Kontakt mit der Pflanze erfreut die Sinne, die Vorfreude auf Heilung und Genuss macht gute Laune, Sie verspüren Wellness, Gesundheit und Ruhe, sind erfüllt von einer sinnvollen Tätigkeit … Vielleicht sollte ich dieses Buch in der Rubrik »Lebenshilfe: Wege aus der Depression« vorschlagen.

› Sollte Ihr Partner nun allerdings langsam in eine Krise abrutschen, weil einfach jede Fläche mit Grünzeug vollliegt, nehmen Sie ein Trockengestell. Einige trocknen ihre Wäsche, wir trocknen unsere Kräuter.

› Wenn Sie die Kräuter gebündelt an die Decke hängen, sieht das zwar sehr dekorativ aus, aber die Blätter befördern dann einen Teil ihrer Wirkstoffe in die Stängel, aus denen sie beim Aufbrühen nicht so leicht wieder herauszubekommen sind.

› Ich sehe schon, dass es nun bald bei Ihnen so aussieht wie bei mir: Die Farbe der Arbeitsplatten oder Regalbretter ist nicht mehr auszumachen beziehungsweise einheitlich grün. Es duftet je nach Kraut – entweder gerade nach Cumarin (herrlich: Waldmeister), Parfüm (herrlich: Mädesüß oder Holunderblüten), herb-würzig (Maggikraut) oder aromatisch nach Minze oder Rosmarin.

› Die Blätter werden, wenn sie trocken sind (Test: Beim Zerreiben muss es knistern!) unzerkleinert in braunen Gläsern oder in Papiertüten aufbewahrt.

Teebeutel ade!

Bei Bedarf zerkleinern Sie die Kräuter durch Zerreiben oder Mörsern direkt vor dem Aufbrühen.

Das wundert Sie? Wo doch sonst alles in atomgroßen Stückchen in Teebeuteln angeboten wird? Nun, dies sind meist keine Heiltees. Die Beuteltees schmecken oft nach fast nichts, da die Aromamoleküle in aller Welt herumgeistern: beim Hersteller, Discounter und in Ihrem Küchenschrank. Bei unserer Methode werden die im Blatt befindlichen Wirkstoffe erst kurz vor dem Aufbrühen frei. Sie werden sich über das starke Aroma Ihrer selbst gesammelten Tees wundern!

› Gießen Sie kochendes Wasser auf die Kräuter, lassen Sie sie fünf bis zehn Minuten ziehen und legen Sie so lange einen Deckel drauf. Sonst riecht es wunderbar, aber all die ätherischen Öle sind in der Luft gelan-

Nein, Bier ist keine Lösung! Aber die Flaschen sind ausgekocht praktisch für Tinkturvorräte.

det – und die kann nichts damit anfangen! Dann trinken Sie den Heiltee idealerweise dreimal täglich eine halbe Stunde vor dem Essen.

Tinktur für die Oma

Dazu brauchen Sie zunächst mal das Selbstbewusstsein, reichlich Wodka einzukaufen. Ich erzähle der Kassiererin immer lautstark, dass ich ihn nur für Likör oder Tinkturen brauche; aber auch »Aufgesetzter« ist ein gesellschaftlich anerkanntes Thema.

› Frische Kräuter klein schneiden und mörsern. Etwa 10 g frische Kräuter mit 50 ml Wodka aufgießen – das entspricht in etwa dem Ansatz, wenn Sie ein Schraubdeckelglas locker mit den Kräutern füllen und dann ganz voll gießen.

› Drei Wochen im Licht reifen lassen, täglich mehrfach schütteln, dann durch ein Sieb und einen Kaffeefilter gießen und die Flüssigkeit in dunklen Tropffläschchen aufbewahren. Die gibt es in der Apotheke. Das sieht gleich auch noch so wichtig aus, dass schon der Anblick manchen Personen Heilung gebracht hat.

› Optimal ist es, wenn Sie die Kräuter noch entsprechend »wichtig« beschriften. Meine Weißdorn-Tinktur nenne ich »Herztropfen«, meinen Storchschnabel-Aufguss »Rescue-Tropfen«, die Klimöppkes (alias Kapuzinerkresse) liefern eine »Immuntinktur«.

Die Klosterfrauen und der Alkohol

Neulich fragte ein Kursteilnehmer: »Geht die Tinktur auch ohne Kräuter …?« Also beim Klosterfrau-Melissengeist könnte das klappen, der hatte und hat einen Alkoholgehalt von 79 %, und beim Genuss eines Pinnchens (Schnapsglases) davon vergisst man sicher spontan einige seiner Beschwerden. Der Alkohol dient als Lösungsmittel für die Kräuter-Inhaltsstoffe und bei der homöopathischen Urtinktur auch als Informationsmedium für die »Wesenswirkung« der Pflanze, so Roger Kalbermatten von der Firma Ceres.

› Bei Bedarf also einige Tropfen einnehmen, bei chronischen Krankheiten dreimal täglich einige Tropfen über drei Wochen.

Unsere Tinktur mit Wodka hat 37 % Alkohol. Dieser Alkoholgehalt reicht allemal, um die Wirkstoffe aus Blüten und Blättern herauszulösen, und macht sie für mindestens ein Jahr haltbar. Meine Kräuterfachfrau-Kolleginnen benutzen viele Tinkturen zwei bis drei Jahre. 79 % sind also reiner Luxus!

› Zur Behandlung von Kindern sollten Sie die Kräuter aber ohne Alkohol verwenden, zum Beispiel in Form von Tee!

Elixiere à la Hildegard

Hildegard von Bingen war da ganz anders. Sie hatte noch keine Tinkturen. Bei ihr wurden die Kräuter in Wein oder Essig gekocht, meist mit Honig, und die Patienten tranken dann ein kleines Gläschen davon. Diese Elixiere waren mit schmackhaften Kräutern und Honig gewürzt, damit auch alle die »Medizin« gerne einnahmen.

Wenn Ihnen diese Darreichungsform lieber ist, können Sie auch alle Kräuter in Weiß- oder Rotwein oder in Essig ansetzen, entweder darin einige Wochen ziehen lassen, dann abschütten, oder kurz mit den Kräutern aufkochen und Honig, Zimt, Anis und sonstige Leckerchen dazugeben. Allerdings sind all diese Kräutergemische dann nur kurze Zeit haltbar.

Eine weitere, sehr gut praktikable Anwendung aus Hildegards Klosterapotheke ist die Verabreichung der Kräuter als Pulver. Die getrockneten Kräuter wurden im Mörser pulverisiert und dann den Patienten aufs Brot oder in die Suppe gestreut.

Spa selbst gemacht

Die Kräuter dürfen auch in die Badewanne. Gerade die aromatischen Gartenkräuter, die man im Herbst zurückschneiden soll (Thymian, Salbei, Lavendel), hänge ich gebündelt zum Trocknen an die Decke und gebe dann das ganze Bündel in einem Stoffsäckchen oder in einer Socke in die Badewanne.

Lavendelsäckchen als Duftkissen fürs Bett oder für die Badewanne.

Anti-Motten-Socken

Wenn Ihre Waschmaschine wieder eine einzelne Socken gefressen hat, freuen Sie sich über die vereinsamte, übrig gebliebene, hoffentlich löcherfreie Socke: Ihre zukünftige »Anti-Motten-Socke«.

› Trocknen Sie die gelben Blütenköpfchen vom Rainfarn, die so gut nach Zitrone riechen, dazu Beifußblüten und -blätter, und befüllen Sie die Socke damit.
› Binden Sie die Socke mit einem langen Band zu und hängen Sie sie an die Kleiderstange im Kleiderschrank.

Tipp: Meine Oma hat immer Lavendel genommen, aber den Duft mag ich nicht so sehr wie den vom frischzitronigen Rainfarn. Außerdem hat sie natürlich kleine Kissen genäht und diese bestickt. Das sah zugegebermaßen viel ästhetischer aus als meine Socken …

Beifuß vertreibt alle schlechten Energien und Gerüche. Vielleicht steht er ja deshalb an diesem Parkplatz mitten in Köln …

Die wichtigsten Schätzchen meiner City-Apotheke

NUMBER ONE FÜR DIE HAUT: SPITZWEGERICH

Wenn ich nur ganz wenige Kräuter mit auf eine einsame Insel nehmen dürfte, wäre dieser Schatz eins davon. Zum Glück wächst der Spitzwegerich in fast jeder Stadt – übrigens in ganz Europa, er hat mich auch schon in Madeira, Kroatien und England gerettet! Wenn Sie ihn nicht auf Anhieb finden, ist bestimmt sein nächster Verwandter in der Nähe: der Breitwegerich. Der kann sogar mitten auf dem Weg oder dem Fußballplatz wachsen und noch mehr Tritte aushalten und ist genauso zu gebrauchen. Ihn findet man in fast jedem Rasen. Außer bei den Golfspielern. Aber die verletzen sich ja wahrscheinlich eher selten …

Antibiotisches Pflaster

Wegerich ist als schnellstes Universalpflaster vom Wegrand einfach unschlagbar. Ich bin zwar kerngesund dank der vielen Kräuter, Gemüse, frischen Luft, Energie aus der Natur und Gespräche mit Pflanzenwesen (ja, auch das – oder vielleicht gerade das – macht gesund), aber ab und zu plagen mich kleine Ekzeme, Unverträglichkeiten, Juckreiz oder ein aufgekratzter Wespenstich.

Spitzwegerich, der »König des Weges«, hilft als Universalpflaster, wenn Sie sich mal langgelegt haben: Einfach gequetsches Blatt auf die Wunde legen – und alles wird gut!

Was am schnellsten geholfen hat und zu meiner kleinen persönlichen Standard-Hausapotheke gehört: die Spitzwegerich-Tinktur (Rezept auf Seite 201). Diese gibt man tropfenweise auf den Insektenstich, auf die juckende Stelle oder auf das Pflaster.

Wenn Sie die Tinktur gerade nicht zur Hand haben, nehmen Sie den frischen Pflanzensaft. Für die vornehme Variante nehmen Sie das Nudelholz. Nein, nicht mit der Teigrolle auf die Wunde eindreschen! Besser so: Legen Sie einen Stapel frischer Blätter zwischen zwei Plastikfolien und gehen Sie mit dem Nudelholz drüber. Tragen Sie den dadurch entstandenen Blattsaft pur auf die Haut auf: auf offene Wunden, vereiterte Stellen, Pickel, Ekzeme und Blutungen. Sie werden von der schnellen Heilwirkung begeistert sein!

Spitzwegerich (*Plantago lanceolata*)

Beschreibung: Blätter in Grundrosette, lanzettlich mit parallelen Nerven; Blütenköpfchen braun, 2–4 cm lange walzenförmige Ähren, Staubblätter wie kleine elfenbeinfarbene Planeten an langen Stielen drumherum. Breitwegerich *(Plantago major,* Foto unten) kann genauso verwendet werden: Blätter eiförmig und derber, deshalb ist es schwerer, an den Blattsaft zu kommen; walzenförmige Blütenstände bis zu 15 cm lang.

Vorkommen: Wege, Wegränder, Rasen, Fettwiesen, Ödflächen.

In der Küche: Blätter und Blütenköpfchen in den Salat oder die Pfanne oder den Smoothie.

In der Hausapotheke: Blattsaft oder Tinktur auf juckende Insektenstiche, lindert den Juckreiz; als Tinktur tropfenweise in Wasser oder als Tee gegen Husten; als antibiotisches Pflaster auf eiternde Wunden, als gequetschter Blattbrei auf blutende Wunden zum Blutstillen.

Tausendmal danke!

Ein Kräuterkursteilnehmer hat mir einmal eine E-Mail mit tausend Dankeschöns geschickt und der Aufforderung, mir dringend etwas gegen blaue Flecken zu besorgen. Er wollte mich nämlich so dermaßen drücken für den Spitzwegerich-Tipp, dass ich das Mittel dann spontan nötig hätte. Er hatte beim Streichen seines Hauses 61 Mückenstiche abbekommen! Nach der Behandlung mit Spitzwegerichtinktur war kaum noch etwas davon zu spüren.

In der Wildnis verloren ...

Wenn ich mich verletzt habe und unterwegs in der Wildnis bin oder auch in der Stadt, wo gerade alle Apotheken geschlossen sind, kaue ich das Kraut einfach – und der frische Blattbrei kommt auf die Wunde: unter ein Pflaster oder ein Taschentuch.

Der Speichel hilft übrigens bei der Wundheilung. Er enthält Lysozym, das Bakterienzellwände zerstört, und Antikörper, die ebenfalls gegen Mikroben wirksam sind. Das wissen auch Rehe und Hunde, die ihre Wunden lecken. Neu entdeckt wurde nun ein Eiweiß im Speichel namens Histatin, das tatsächlich die Gewebeneubildung beschleunigt.

Da könnte nun einer fragen: »Geht Speichel auch ohne Kräuter ...?« Bei Nagetieren ja, denn die sind ja nicht wie wir in der Lage, Tinkturen anzusetzen oder mit dem Nudelholz umzugehen! Bei denen ist aber dafür das Histatin in 100 000fach höherer Konzentration im Speichel vorhanden. Daher bitte doch die zermatschten Kräuter *mit* auf die Wunde geben.

Kneipp wusste es schon!

Schon Kneipp wusste: »Spitzwegerich heilt wie mit Goldfäden vernäht.« Damit meinte er: ohne Narbe. »Und Fäulnis flieht.« Damit meinte er: ohne Entzündung. Dabei konnte er damals noch gar nicht wissen, dass man später ein Antibiotikum namens Aucubin in der Pflanze entdecken würde. Und Silizium, welches das Gewebe stärkt, und Schleim, der sich schützend auf die verletzte Stelle legt, und Gerbstoffe, die das Gewebe zusammenziehen und auch noch blutstillend wirken. Probieren Sie es aus. Sie werden begeistert sein!

Ein Schleimer

Wegerich ist ein Schleimer, wörtlich! Wenn man seine Samen in Wasser einweicht, sondern sie Schleim ab. Dieser regt die Verdauung an. Seine nächsten Verwandten, die Flohsamen (nein, kein Sperma von Flöhen!), werden als Mittel gegen Verstopfung gehandelt.

Die frischen oder getrockneten Wegerichsamen können Sie also bei Verstopfung in Wasser einweichen, einige Stunden quellen lassen und

Die Blütenköpfchen des Spitzwegerichs erinnern eher an gebratene Pilze als an duftende Blumen. Beißen Sie rein! Lohnt unbedingt!!

dann zusammen mit viel Wasser zu sich nehmen. Aber das ist nur eine seiner vielen Verwendungsmöglichkeiten.
Gegen Liebeskummer half übrigens früher angeblich der Wegerichtee: fünf Tage lang getrunken, und alles wurde gut …
Außerdem lässt sich aus diesem hübschen und überall extra für uns wachsenden Kraut ein herrlicher Hustensirup ansetzen. Oder eine Tinktur, die dann tropfenweise mit in den Hustentee darf.

Spitzwegerich-Hustensirup

Zutaten:

500 ml Wasser
175 ml Honig
25 g Spitzwegerichblätter

> Spitzwegerichblätter in einem Topf mit 500 ml Wasser kurz kochen, 30 Minuten ziehen lassen, dann abseihen.
> Den Tee noch mal kochen, bis die Hälfte der Flüssigkeit verdampft ist. Auf 40 °C abkühlen lassen, den Honig in den lauwarmen Tee geben, in dunkle Flaschen füllen. So ist er etwa ein Jahr haltbar.
> Bei Bedarf 1 Teelöffel Hustensirup einnehmen.

GOLD FÜR HAUT UND SEELE: JOHANNISKRAUT

Gegen böse Geister

An stillgelegten Bahnlinien, auf trockenen, steinigen Brachflächen, auf nicht mehr gepflegten Bürgersteigen in den Fugen: Da ist sein Revier, in Goldfarbe gewandet ab Mitte Juni.

Dass wir das Kraut heute noch in ganz Europa nutzen dürfen, haben wir übrigens dem heiligen Johannes zu verdanken. Die wahre Geschichte war nämlich die: Der Teufel war wütend. Eine solche Heilkraft durfte es seiner Meinung nach einfach nicht geben! Deshalb stach er immer wieder mit spitzen Nadeln in die Blätter. Und diese »Narben«, also kleine braune und weiße Punkte auf den Blättern, können Sie heute noch sehen. Wäre der heilige Johannes nicht gewesen … Der hat den Unhold nämlich vertrieben.

Und so hilft das Kraut auch heute noch gegen böse Geister – in ganz Europa übrigens, über die Tür gehängt oder auf die Fensterbank gelegt und idealerweise gepflückt zwischen Sommersonnenwende (21.6.) und Johanni (24.6.), dem Gedenktag von Johannes dem Täufer.

Johanniskraut bringt Sonne ins Gemüt.

Johanniskraut (Hypericum perforatum)

Beschreibung: Gelbe Blüten (Ende Juni bis August), 2–2,5 cm, fünf Blütenblätter, am Rand schwarze Pünktchen; beim Zerreiben färben sich die Finger rot. Blättchen 1–2 cm lang, sitzen sich am Stängel gegenüber, mit weißen und braunen Punkten (Ölbehälter). Stängel rund, mit schmalen Längsleisten an zwei gegenüberliegenden Seiten (wichtiger Unterschied zu anderen Arten, die nicht wie gewünscht wirken).

Vorkommen: Auf trockenen Brachflächen, auf Baustellen, an Bahngleisen, auf Halden oder steinigen trockenen Flächen.

In der Küche: Blüten als Salatdeko, wenige Blättchen als herbes Würzkraut.

In der Hausapotheke: Als Ölauszug zur Wundbehandlung und gegen Schmerzen, als Tee oder Tinktur gegen leichte Depressionen.

Mal wieder Kinderwunsch?

Sollten Sie gerade ein Orakel brauchen, das Ihnen sagt, wie viele Kinder Sie bekommen, zupfen Sie ein Blättchen ab und zählen Sie die Punkte. So machten es die Mädels im Mittelalter. Sollten Ihnen 15 jetzt gerade zu viel sein und Sie einen Schock oder Depressionen ob dieser ungeheuren Menge bekommen, brauen Sie aus dem Kraut einen Tee, denn der hilft gegen schlechte Stimmung. Hier hat die herrlich gelbe, pure Sonnenfarbe nämlich nichts mit gesundem Urin zu tun, sondern sie bringt Licht ins dunkle Gemüt, wirkt also gegen Depressionen.
Außer dem Johanniskrauttee kann Ihnen bei dem Schock über 15 zu erwartende Kinder nun spontan auch der Breitwegerich helfen. Reißen Sie ein Blatt ab und zählen Sie die heraushängenden Blattadern. Auch dieses Orakel galt früher als sehr zuverlässig, was die Zahl der zu erwartenden Kinder anging. Da sind Sie nun bei drei oder vier … Das hilft möglicherweise schneller als der Tee, denn der muss, um nachhaltig die Stimmung zu verbessern, über Wochen getrunken werden.

Tee und Tinktur fürs Gemüt

Der Tee oder die Tinktur aus Johanniskraut wird aus dem oberen Drittel der blühenden Pflanze angesetzt. Die Tee- oder Tinkturenkur sollte über mehrere Wochen durchgeführt werden: Dreimal täglich ein Tässchen oder fünf Tropfen Tinktur in etwas Wasser einnehmen.
Warnung: Da Johanniskraut die Lichtempfindlichkeit erhöht, braucht man während der Einnahmezeit bei Sonnenkontakt ein starkes Sonnenschutzmittel! Da Johanniskraut auch die Entgiftungsfunktion der Leber anregt, kann es sein, dass während der Einnahmedauer die »Pille« nicht zuverlässig wirkt, da sie schneller als sonst ausgeschieden wird.

Öl für schöne Haut

Johanniskrautöl ist eines der besten Heilöle, die ich kenne. Ein Universalmittel, dazu noch mit schöner roter Farbe, daher nennt man es auch Rotöl. Dennoch muss ich für die Anfänger ein kleines Problem erwähnen. Als ich den Ölauszug zum ersten Mal angesetzt hatte und dann abgießen wollte, hatte er einen so muffigen Geruch, dass ich alles in den Ausguss befördert habe. Da war wohl das kalt gepresste, extra native Bio-Olivenöl ranzig geworden, dachte ich. Beim nächsten Ansatz ebenso … Ich habe mir dann Johanniskrautöl in der Apotheke gekauft, etwas geschockt allerdings über den hohen Preis, nur um festzustellen: Es riecht eben so speziell! Würzig, etwas salzig, so würde ich es beschreiben. Nun habe ich mich mittlerweile an den Geruch gewöhnt und finde ihn sogar ganz angenehm.

Es wirkt äußerlich eingerieben heilend auf Wunden und Schrammen, fettet sanft die trockene Haut, stillt den Schmerz bei Rheuma, Nervenschmerzen und Prellungen. Es ist ein wunderbares Heilöl für raue Schnupfennasen, wenn man ein wenig davon in die Nase reibt.

Es stärkt die Fingernägel und die Nagelhäutchen. Und es wirkt wunderbar heilend und schmerzstillend bei Sonnenbrand.

Aber Sie dürfen es auch innerlich nehmen, zum Beispiel einen Esslöffel bei Magenschmerzen, die durch Magenschleimhautentzündung hervorgerufen sind. Da lindert es den Schmerz und die Entzündung.

Johanniskrautöl

› Sammeln Sie die oberen Pflanzenteile mit Knospen, Blüten, Samenständen und Blättchen. Jedes Teil enthält unterschiedliche Wirkstoffe. Mit dieser gesammelten Vielfalt erhalten Sie fast ein Allheilmittel!

› Entfernen Sie die Stängel und befüllen Sie ein Glas locker mit den restlichen frischen Pflanzenteilen. Dann bedecken Sie alles mit Pflanzenöl. Die üblichen Rezepte empfehlen kalt gepresstes Olivenöl, weil dessen Inhaltsstoffe die Hautheilung und -pflege unterstützen. Sollte Ihnen das zu streng riechen, können Sie zur Not auch relativ neutral riechendes Raps- oder Mandelöl nehmen. Bitte achten Sie darauf, dass keine Pflanzenteile oben rausgucken, die fangen sonst an zu schimmeln. Optimalerweise füllt man also bis unter den Deckel mit Öl auf.

› Das Ganze sollten Sie dann sechs Wochen in der Sonne stehen lassen und täglich schütteln. In dieser Zeit färbt sich das Öl rubinrot.

› Danach durch ein Tuch gießen, das in einem Sieb liegt. Pflanzenreste nicht auspressen, sonst gelangt zu viel Wasser ins Öl. Das fertige Öl in kleine dunkle Fläschchen füllen und kühl aufbewahren. Es ist ungefähr ein Jahr haltbar.

Die Öldrüsen in den Johanniskrautblättern.

BLÜTENTEE GEGEN FIEBER: HOLUNDER UND LINDE

Eben mal danke ans Fieber!

Fieber ist meistens ein gutes Zeichen. Das Immunsystem funktioniert und macht extra für uns eine schöne hohe Temperatur: weil *wir* das aushalten, die bösen Viren aber nicht; und weil Fieber die Durchblutung und den Stoffwechsel fördert, so die Immunzellen schneller zum Ort des Geschehens bringt und die Bösen schneller bekämpfen kann. Fiebersenkende Zäpfchen oder Säfte sind in meinen Augen meistens sinnlos, es sei denn, das Fieber erreicht eine kritische Grenze, oder die Patienten haben bestimmte Vorerkrankungen, bei denen Fieber kontraindiziert ist. Ohne Fieber brauchen der Körper und das gesamte Immunsystem oft viel mehr Zeit, um die Viren zu bekämpfen.

Schwitztee und inhalieren

Sie kennen den Trick vom Inhalieren: Da wirken ein Teil ätherisches Öl und ein Teil Temperatur. Beides zusammen halten die Schnupfenviren eben nicht aus!

Sollte das Fieber zu stark sein oder wenn Sie die Grippe abkürzen wollen, trinken Sie abends »Schwitztee« aus Linden- und Holunderblüten. Dadurch schwitzen Sie ordentlich, sind danach rechtschaffen kaputt, schlafen so gut wie noch nie und fühlen sich vielleicht am nächsten Tag schon wieder fit. So haben sich das jedenfalls die Blüten der Linden und des Holunders gedacht. Dass sie beide herrlich duften und schmecken, dürfen Sie als Zusatzgeschenk betrachten.

Süß duftende Lindenblüten in luftiger Höhe.

Mit der Leiter zur Lindenblüte

Lindenalleen gibt es in fast jeder Stadt. Manchmal braucht man eine Leiter, um an die Blüten zu kommen – und wird oben erstaunt feststellen, dass auch andere scharf darauf sind. Es brummt und wuselt. Für Lindenblütenhonig! Bitte sammeln und trocknen Sie die Blüten mit dem Tragblatt. Das helle Tragblatt machen die Linden extra für uns (und für die Bienen). Denn wenn es auffallend hell leuchtet, wissen wir, dass es bald soweit ist, die Leiter rauszuholen. Die Aktion ist aber nur für extrovertierte Naturen geeignet, die es aushalten können, angestarrt zu werden. Die anderen müssen sich die Linden suchen, die in tieferen Stockwerken ein paar Blüten für uns bereithalten.

Sollten Sie gerade Streit haben – ob mit oder ohne Leiter –, ob man überhaupt sammeln oder Laub essen soll: Die Dorflinde war immer schon der Baum, unter dem Recht gesprochen wurde. Und nach der Schlichtung überreichen Sie sich gegenseitig ein Herzblatt.

Sommerlinde (*Tilia platyphyllos*)

Beschreibung: Herzförmige Blätter, unterseits in den Nervenwinkeln weißfilzig; zwei bis fünf Blüten in hängenden, doldigen Blütenständen, Blütenblätter hellgelb. Alle Linden sind zu gebrauchen: die *Winterlinde* oder auch der Mischling zwischen Sommer- und Winterlinde sowie die *Krimlinde* oder die erst im August blühende *Silberlinde*.

Vorkommen: Oft in Städten und Parks gepflanzt.

In der Küche: Die Blätter und Blüten dürfen mit dem Tragblatt in den Salat.

In der Hausapotheke: Lindenblütentee innerlich eingenommen wirkt schweißtreibend bei Erkältung und Fieber. Lindenblütentee äußerlich angewendet soll auch gegen Falten helfen.

Holunder als Hausapotheke

Holunder steht meist auf Brachflächen, an Bahndämmen, in Hecken. Meine eigenen Büsche im Garten sind so groß, dass ich auch da die Leiter raushole.

Der Holunder ist die Universalapotheke für die ganze Familie! Der Blütentee hilft nicht nur beim Schwitzen, sondern auch als Schleimlöser bei Nebenhöhlenentzündungen, und wirkt harntreibend.

Die im Herbst zu erntenden schwarzen Beeren haben ebenfalls Heilkräfte: Sie sind reich an Vitamin C und Anthocyanen, die krebsvorbeugend wirken. Sie können zu Saft oder Marmelade verarbeitet werden. Die getrockneten Beeren helfen bei Durchfall, indem man einige kaut. Der Blattsaft wirkt entzündungshemmend auf Wunden.

Eine nachhaltige, umweltfreundliche Selbstversorgeridee wäre, wenn *jeder* wieder einen Holunder am Haus hätte. Das sähe dazu noch wunderschön aus! Wie wäre es mit einem Holunder in jedem Vorgarten, ob Einfamilien- oder Mehrfamilienhaus. Zum Abernten ganz ohne Gesundheitskarte!

Außerdem wehrte er schon immer böse Geister ab. Früher wurde der Strauch so verehrt, dass der Mann beim Vorbeigehen vor ihm seinen Hut ziehen musste.

Holunderblüten – Frau Holle eben! Beim Ernten werden die Hände gelb vom Blütenstaub.

Schwarzer Holunder (Sambucus nigra)

Beschreibung: Bis 7 m hoher Strauch; Blätter mit meist sieben Fiederblättchen, charakteristischer Geruch; elfenbeinfarbene Scheindolden mit herb-süßem Duft von April bis Mai; im Herbst schwarze Beeren.
Vorkommen: Stadtpark, Wegränder, Lichtungen, Waldränder, Hecken, Gebüsche; häufig.
In der Küche: Beeren zu Saft oder Marmelade verarbeiten; einige Blüten als Aroma Kräutertees beimischen; Blüten zu Sirup verkochen oder als Deko auf Süßspeisen geben. Blütenstände in Pfannkuchen- oder Bierteig tauchen, in Öl ausbacken, und die Hollerküchlein mit Ahornsirup servieren!
In der Hausapotheke: Gegen Durchfall zehn getrocknete Beeren kauen. Zur Wundheilung gequetschte Blätter auflegen. Blütentee hilft bei Fieber.

Eine überirdische Erscheinung? Ein Designerprodukt? Nein, tatsächlich einfach nur ein einheimisches Kraut: die Wilde Karde.

BORRELIOSEKUR VON DER BAUSTELLE: WILDE KARDE

Nein, ich weiß nicht, warum das Kraut gegen Borreliose und fürs Immunsystem meistens auf Baustellen wächst. Ich schätze, es möchte damit sagen: »Mit *mir* hält man alles aus« – oder so. Denn die Zecken, die die Borreliose übertragen, leben eher im hohen Gras oder im Wald.

Ich bin so fasziniert von der Wilden Karde, dass ich sie massenhaft im eigenen Garten habe. Ein so fantastisch aussehendes Kraut! Mit lila Blüten, die ringförmig um einen Kolben stehen und zunächst den Kolben in der Mitte mit einem Ring zieren, dann nach außen wandern … wie die Wanderröte bei der Borreliose. Seltsam! Die Wurzel als Tinktur

Blattrosette der Wilden Karde mit Stacheln. In diesem Zustand gräbt man die Wurzel aus.

angesetzt hilft tatsächlich dagegen, als Kur über Wochen eingenommen. Genaueres dazu können Sie auch bei Wolf-Dieter Storl nachlesen: *Borreliose natürlich heilen,* AT Verlag 2015.

Venuswasser gegen Falten

Nun hab ich zwar keine Borreliose, finde aber dieses Kraut wunderschön mit seiner Stachelleiste unter den Blättern, der riesenhaften, eindrucksvollen Gestalt *und* dem sogenannten Venuswasser, das sich in seinen Blatt-Badewannen sammelt! Es soll gegen Falten helfen. Nein, sagen Sie jetzt nichts. In meinem Alter darf ich schon ein paar haben. Wenn ich mit einem Kräuterkurs unterwegs bin, nehmen immer alle ganz andächtig das Venuswasser und reiben es sich ins Gesicht. Kann niemals schaden! Es soll auch Altersflecken und Sommersprossen aufhellen. Nun ja, das hilft, glaub ich, aber nur, wenn man dran glaubt …

Wilde Karde (Dipsacus fullonum)

Beschreibung: bis 2 m hohe, zweijährige Pflanze, stachelig; 3–8 cm lange Köpfchen, in denen sich die lilafarbenen Blüten jeweils in einem Ring um das Köpfchen öffnen. Blätter bis 30 cm lang, gezähnt oder ganzrandig; typisch an den Rosettenblättern: eine Stachelleiste unter der Mittelrippe und kleine einzelne Stacheln auf kleinen Wärzchen auf der Blattoberseite.

Vorkommen: Baustellen, Wege, Dämme, Brachflächen, Industriestandorte, steinige warme Orte; häufig.

In der Küche: Keine Anwendung.

In der Hausapotheke: Tee oder Tinktur aus der Wurzel gegen Borreliose, zur Frühjahrskur, als Teekur über Wochen gegen Osteoporose (chinesische Medizin), zur Steigerung der Abwehrkraft, zur Anregung von Leber, Galle und der gesamten Verdauung.

Haben Sie schon einmal von Dr. Edward Bach gehört? Der mit den Bach-Blüten? Der hat frische Blüten in Tauwasser gelegt und so Heilmittel geschaffen. Und? Hat schon Tausende Male geholfen.

Borreliosekur

Aus einer Wurzel ein Heilmittel anzusetzen erfordert etwas mehr Geduld und Arbeit, als nur ein paar Blättchen oder Blütchen zu pflücken. Sie brauchen einen Spaten und eventuell die Erlaubnis, das Kraut auszugraben. Ich habe oft an Baustellen geerntet, in dem Wissen, dass die Pflanzen in einigen Tagen sowieso unter dem Bagger verschwinden.

› Graben Sie also mit einem Spaten die Wurzel aus und bewundern Sie unbedingt vor dem Zerkleinern deren Gestalt! Sie sieht nämlich wie ein Mensch aus!

› Dann schneiden Sie die Wurzel in sehr kleine Stücke und legen diese etwa im Verhältnis 1:5 in 70%igen Alkohol, für drei Wochen. Dann abgießen, filtrieren und in dunklen Tropfflaschen aufbewahren.

› Als Kur gegen Borreliose zweimal täglich fünf Tropfen in etwas Wasser einnehmen.

Probieren Sie einmal ein winziges Stück Blatt! Ultrabitter! Jetzt wissen Sie, warum die Pflanze noch mehr Wirkungen hat. Bitterstoffe regen Immunsystem und Stoffwechsel an, wirken basisch und verjüngend. Die Wurzeltinktur stärkt also auch allgemein das Immunsystem. Die Kardenstacheln zeigen ja schon, dass sie böse Eindringlinge fernhält!

WARZENMITTEL AN DER MAUER: SCHÖLLKRAUT

Mitten in der Stadt wächst ein Schatz mit hellgrünen Blättern, den die Alchemisten schon im Mittelalter hoch verehrten. Nein, er ist nicht kurz vor dem Vertrocknen, sondern als einziges Kraut mit *gelbem* Milchsaft gesegnet! Und da dieser Saft die Farbe von purem Gold hat, nutzten die Alchemisten die Pflanze bei ihren Versuchen, Gold herzustellen. *Chelidonium,* ihren botanischen Namen, interpretierten sie als *donum coeli,* ein »Geschenk des Himmels«. Doch die Sache mit dem Gold ist ihnen trotzdem meines Wissens nicht gelungen.
Unsere kleine Berühmtheit ist das Schöllkraut, eine Schönheit obendrein, finde ich.

Schöllkraut – theatralisch schön vor Industriekulisse. Beachten Sie die wunderschönen, rundlich geformten, gelbgrünen Blätter!

Süßspeise für Ameisenbabys

Wie ist es überhaupt in die Stadt gekommen? Keine Alchemisten weit und breit, die es ausgesät haben könnten … Nun, die Ameisen sind schuld! Am schwarzen Samenkorn hängt ein winziger weißer Kristall: reiner Zucker! Und den bringen die liebevollen Ameisen ihren Babys ins Nest. Wenn die Kleinen dann den Zucker verspeist haben, entsorgt Mama den Müll (das ist in diesem Fall der Samen). Und er, der nun eine (für einen Samen) lange Reise gemacht hat, freut sich über einen schönen, spannenden neuen Standort, fern der Heimat.

Liebling für die Galle

Wir freuen uns natürlich auch! Sie haben es an der Leber oder Galle? Dann darf das getrocknete Kraut mit in eine »Gallentee«-Mischung, die ansonsten aus Löwenzahn, Pfefferminzblättern und einer kleinen Menge Wermutkraut bestehen kann.
Sie wollen ein genaues Rezept? Im Internet gibt es unendlich viele mit allerlei exotischen Zutaten wie Steinbrechsamen, Kurkuma oder Bibernell … die aber meistens ausgerechnet *nicht* in der Stadt verwildert sind. Einen Löwenzahn finden Sie jedoch immer.

Omas Warzenmittel

Sie haben Warzen? Dann hilft der frische gelbe Milchsaft. Dazu brechen Sie ein Blättchen oder Stängelchen ab und tupfen den Saft auf die Warze. Aber nur auf die Warze tupfen, nicht daneben. Über mehrere Tage wiederholen. Optimal bei abnehmendem Mond.
Wer weiß, vielleicht hatten die, die der Pflanze den Namen gegeben haben, Warzen? Und haben sie deshalb Himmelsgeschenk genannt …

Schöllkraut (Chelidonium majus)

Beschreibung: Bis zu 70 cm hoch; vier gelbe Blütenblätter; 4 cm lange, schmale Früchte mit schwarzen Samen; gefiederte hellgrüne Blätter, die aus fünf einzelnen, fiederspaltigen Blättchen bestehen, unterseits blaugrün. Wird die Pflanze verletzt, erscheint goldgelber Milchsaft, der die Haut färbt.

Vorkommen: Mauern, Hecken, Wegränder.

In der Küche: Keine Anwendung.

In der Hausapotheke: Gelben Milchsaft immer wieder auf die Warze tupfen, nicht auf umliegendes Gewebe. Blätter und Blüten frisch oder getrocknet anteilig (10 %) in galleanregende Tees.

RESCUEKRAUT NEBEN DER MÜLLTONNE: STINKENDER STORCHSCHNABEL

Jeder kennt ihn. Jeder hat ihn vor der Haustür, neben der Mülltonne, als filigrane Blattschönheit spontan im Blumentopf. Er steht am ungepflegten Straßenrand, an der Eisenbahnlinie, am Weg, an der Schutthalde oder zwischen den Pflastersteinen mitten in der Stadt, oft mit rötlichen Blättern. Dadurch fällt er unbedingt auf. Ich vermute ja, dass er das für uns macht: damit wir auch wirklich hinschauen – und das schönste Blatt der Welt auch gebührend bewundern. Nein, nicht um seinetwillen! Für uns! Denn wenn wir in andächtige Trance verfallen und denken: »Welch überirdische Pracht, das ist ja fantastisch!«, sind wir im schönsten Flow, in einem entspannten Zustand, der die Glückshormone steigen und den Blutdruck sinken lässt.

Stinken ist relativ

Ich rede vom Ruprechtskraut *(Geranium robertianum)* oder Stinkenden Storchschnabel. Letzteren Namen benutze ich hier nur, um Verwechslungen auszuschließen, denn eigentlich ist so ein Name für einen absoluten Liebling natürlich völlig unpassend! Dieses Kraut muss im Mittelalter so heilkräftig gewesen sein, dass die Kirche angeblich den Namen erfand, um die Menschen von der Nutzung abzuhalten. Man wollte nämlich den Besuch der heidnischen Kräuterweiblein verhindern und lieber den Besuch der Kirche fördern.

Nun gut, er riecht aromatisch-herb und schmeckt so, wie er riecht. Nichts für den Salat zartbesaiteter Naturen oder empfindlicher Nasen.

Eher als Medizin. Wie wir alle wissen, hilft die nur, wenn sie bitter ist. Einige von meinen Botanikfreundinnen finden ihn köstlich. Aber die sind von meinen Touren ja auch schon ganz andere Sachen gewöhnt.

Gott sei Dank, welche Schönheit!

Ein Teilnehmer einer meiner Kräutertouren war so begeistert, dass er das Kraut nur noch »Duftender Storchschnabel« nennt. Damit hat er mir aus der Seele gesprochen. Es gehört zu den herausragenden Lieblingen in meiner selbst gesammelten Kräuterapotheke und ist deshalb auf meinen Balkonkästen und überall im Garten herzlich willkommen. Nebenbei gerate ich sofort in den Flow, wenn ich durch meinen Garten gehe, ihn am Zaun entdecke und wieder denke: »Gott sei Dank, solche Schönheiten bei mir!«

Stinkender Stochschnabel alias Ruprechtskraut: pinke Farbtupfer auf Brachflächen oder neben der Mülltonne. Welch ein Glück!

Stinkender Storchschnabel, Ruprechtskraut (Geranium robertianum)

Beschreibung: Einjährige, bis 40 cm hohe Pflanze, zierlich und zerbrechlich wirkend; fünf rosa Blütenblätter; geteiltes Blatt mit meist fünf gestielten Blattabschnitten und intensivem Geruch, oft rot überlaufen, Blattstiele behaart; Frucht ähnelt dem Schnabel eines Storchs.

Vorkommen: Neben Mülltonnen, auf Brachflächen, an Bahngleisen, auf Industriebrachen, Baustellen, zwischen Pflastersteinen, in Beeten.

In der Küche: Blüten als Salatdeko, einzelne Blättchen im Salat.

In der Hausapotheke: Die Tinktur als »Rescue-Tropfen« gegen Melancholie, alte Traumata und akute Schockzustände; auch zur Verdauungsanregung und bei frischen Zeckenstichen (einige Tropfen direkt danach einnehmen), außerdem bei Borreliose als Kur. Äußerlich frischer Blattsaft oder Tinktur gegen Herpes.

Herpes ade!

Wozu ist er denn nun gut? Der Blattsaft hilft spontan gegen Herpes. Damit ordne ich ihn in die Gruppe der »Spontan-zur-natürlichen-Schönheit«-Substanzen ein. Die vornehme Kräuterfachfrau legt das Kraut dazu zwischen zwei Plastikfolien, geht mit dem Nudelholz drüber und gibt einen Tropfen Blattsaft auf das Herpesbläschen. Sollte die Not spontan in der Wildnis auftreten, wird das Kraut gekaut und vorsichtig aufgelegt.

Rundum fit mit dem Stiergräschen …

Als Gewürz oder Blättchen, einfach so gegessen oder auch als Tee getrunken, entfaltet der Storchschnabel eine vorzügliche Reinigungswirkung, ideal als Frühjahrs- oder Anti-Aging-Kur. Bei mir kommen deshalb in jeden Smoothie oder Salat ein paar Blättchen hinein.

Die Reinigungskur empfehle ich auch, bevor man es zusätzlich noch als Liebeskraut benutzen möchte. Seine Namen aus alter Zeit sind »Stiergräschen«, »Bockskraut« und »Kindsmacherkraut«. Auch das wundert mich nicht, denn seine Frucht sieht aus wie der Schnabel eines Storchs, und seine Stängel und Blattstiele sind meistens rot wie die Storchenbeine!

Der Storch hat ja, wie viele von uns schon als Kinder gelernt haben, viel mit der Empfängnis zu tun und bringt die Babys …

Aus diesem Kraut kann man einen anregenden Liebeswein machen. Er gehört nicht unbedingt zu den Gourmet-Weinen, dafür muss er doch etwas mit Gewürzen angereichert werden. Er ist nun mal bitter. Aber alles, was bitter ist, regt eben auch die Lebensgeister an.

Roter Liebeswein mit Storchschnabel

Zutaten:

100 g frisches Kraut (Blätter und Stängel des Stinkenden Storchschnabels)
400 ml Rotwein und 100 ml Wodka
100 g Zucker
Zimt und Anis nach Geschmack

› Das Kraut fein schneiden. Rotwein, Wodka, Zucker, Zimt und Anis dazugeben. Ein Schraubdeckelglas bis zum Rand befüllen. Das Kraut muss mit Alkohol bedeckt sein (Mengen anpassen), sonst schimmelt es.
› Den Ansatz vier Wochen reifen lassen, dann abseihen.
› Bei Bedarf ein Gläschen genießen. Bei Kinderwunsch trinken beide regelmäßig abends ein Pinnchen (Schnapsglas) davon.

Und sie wurden alle schwanger

In einen Heilkräuterkurs einer Kollegin ging einmal ein Apotheker, der dem Liebeswein eher skeptisch gegenüberstand. Ein Jahr später erzählte er, dass er trotz seiner Skepsis fünf Kundinnen, die lange versucht hatten, schwanger zu werden, den Stiergräschenwein empfohlen hatte. Ein Jahr später waren tatsächlich vier von ihnen schwanger! Wie konnte das passieren? Das »Kindsmacherkraut« macht doch keine Kinder!
Das Ganze geht wohl auf die reinigende und entgiftende Wirkung des Krautes und seiner Bitterstoffe zurück. Wenn man einen verklebten Eierstock »entklebt« und damit gesund macht, kann die Empfängnis vielleicht erst möglich werden. Wenn eine vergrößerte Prostata verkleinert und entgiftet wird, kann vielleicht die Zeugung stattfinden.

Das Rescue-Kraut!

Nun hab ich ja schon drei Kinder und sage als alte, erfahrene Mutter dieses Rezept gerne weiter. Herpes hab ich auch nicht, dank der vielen Kräuter, die ich esse. Warum gehört es dennoch zu meinen Lieblings-Schätzchen? Weil es ein Ersatz für die Rescue-Tropfen aus Bach-Blüten ist. Roger Kalbermatten beschreibt das Kraut in seinem Buch *Pflanzliche Urtinkturen* (AT Verlag 2014) als exzellentes Notfallmittel. Bei Schock oder alten Traumata, bei Melancholie und Depressionen helfen schon wenige Tropfen der Urtinktur. Dass das wirklich stimmt, haben mir zahlreiche Botanikfreunde bestätigt.

Rescue-Tropfen

Zutaten:

10 g frisches, blühendes Kraut
50 ml Wodka

› Das Kraut mit Messer und Mörser zerkleinern. In ein Schraubglas füllen und mit Wodka aufgießen, sodass das ganze Kraut bedeckt ist.

› Den Ansatz für drei Wochen in die Sonne stellen und täglich mehrmals schütteln.

› Dann den Ansatz durch ein Sieb und einen Kaffeefilter filtrieren und

Selbst gemachte Rescue-Tropfen sollte man als Notfallmittel immer dabeihaben.

die Tinktur in dunkle Tropffläschen füllen. An einem kühlen Ort aufbewahrt, ist sie circa zwei Jahre lang haltbar.

› Bei akutem Bedarf einmalig drei Tropfen nehmen.

› Gegen alte Traumata zweimal zwei Wochen lang dreimal täglich drei Tropfen nehmen, dazwischen zwei Wochen pausieren.

› Um schwanger zu werden über Wochen bis zu dreimal täglich bis zu fünf Tropfen einnehmen.

› Auch direkt nach einem Zeckenbiss nehme ich ein paar Tropfen als Prophylaxe. Es soll die Borrelien aus der Blutbahn treiben. »Geranium entzieht Körper- und Seelengifte und ermöglicht durch die Reinigung des Terrains einen Neubeginn«, so Roger Kalbermatten.

Geranium?

Haben wir Geranien nicht im Blumenkasten? Mit knallig roten oder pinken Blüten? Nicht zu übersehen? Ja, genau, und auch die hätten, wenn nicht total überzüchtet oder mit gefüllten Blüten, am Ende ihrer Blütezeit einen Storchschnabel. Übrigens sind es oft keine Geranien, sondern Pelargonien, aber genauso schön. Wirken aber nicht. Und schmecken auch nicht. Bei den gekauften weiß man außerdem nie, wie viele Pestizide noch dranhängen, es sei denn, sie sind selbst gezogen oder aus einem Bio-Kräutermarkt. Also ruhig alles dranlassen. Und sich nur am »Flow« erfreuen … Unser Storchschnabel wird übrigens als exotische Zierpflanze aus dem fernen Europa in Washington und San Francisco in Blumenmärkten angeboten. Recht haben sie!

Kamillenfeld auf einem Sandhaufen an einer Baustelle, mitten in der Stadt. Apotheke to go für alle!

UNIVERSALKRAUT GEGEN ALLES: KAMILLE

Kamille oder Kamelle? Kamille hat nichts mit Kamellen zu tun, was vielleicht einige der karnevalsverliebten Düsseldorfer, Kölner oder Mainzer denken könnten. Aber mitten in der Stadt, wo der Karnevalszug vorbeikommt, könnte man sie dennoch antreffen, auf Sandhaufen oder Baustellen. Und sie könnte dem jecken Volk dann sehr wohl nützlich sein: als Tee gegen Magenverstimmung oder Sodbrennen (wegen zu viel Alkohol?) oder äußerlich als Tee-Kompresse gegen die Blasen an den Füßen (vom vielen Laufen oder Tanzen?).

Vielseitiges Frauenkraut

Der lateinische Name für Kamille, *Matricaria,* stammt von dem Wort Matrix ab. Ich weiß, Sie denken dabei gleich an einen bekannten Science-Fiction-Film mit Keanu Reeves. Sicherlich hätten die Hauptdarsteller die Kamille für all ihre Wunden in dem Film gut gebrauchen können. Oder hat die Kamille ihnen all die übernatürlichen Kräfte verliehen? Ich glaube aber, das haben sie alles nicht damit gemeint.

Das Wort *matrix* ist lateinisch und heißt Gebärmutter oder auch Muttertier. Früher war die Kamille in erster Linie ein Frauenkraut. Wenn die Filmemacher das gewusst hätten …

Echt oder unecht?

Sie haben auch schon von unechter Kamille gehört? Da gibt es ein paar Nachahmer, das ist richtig: ebenso schön, aber wirkungslos, nur etwas für die Vase. Die »Echte« erkennen Sie am Geruch (ich vermeide hier bewusste das Wort »Duft«) und an dem hohlen Köpfchen. Nun, da ist wirklich nichts drin! Holen Sie Ihr scharfes Fahrtenmesser heraus und schneiden Sie ein Blütenköpfchen in der Mitte durch. Die »Echte« hat in dem gelben Köpfchenteil einen kleinen, kegelförmigen Hohlraum. Ich glaube, das ist der einzige Fall in der Geschichte der Menschheit, wo ein hohler Kopf Vorteile bringt. Gesammelt werden genau diese Blütenköpfchen.

Ich habe in vielen Städten gerade an Baustellen Kamille-Monokulturen gesehen! Die Baumaterialien, Erde, Sand, Steingemische sind eine Goldgrube, wenn es um Samen für unsere Heilkräuterapotheke geht. Meistens kann man bedenkenlos ernten, denn die Kräuter gehören keinem und werden sowieso beim nächsten Bauabschnitt plattgemacht.

Echte Kamille (*Matricaria recutita*)

Beschreibung: Einjährige Pflanze; Blätter fein zerteilt, zwei- bis dreifach fiederspaltig; 1,5–2 cm große, gelbe Blütenköpfchen mit stark aromatischem Geruch, innen kegelförmiger Hohlraum, die weißen Zungenblütenblätter werden bald nach unten geschlagen. (Die unechte Geruchlose Kamille hat keine Heilwirkung, die Blütenköpfe sind größer und/oder der Blütenboden ist gefüllt statt hohl.)

Vorkommen: Wege, Schuttplätze, Baustellen, Schotter-Parkplätze, Straßenränder, Äcker, auf kalkarmen Böden.

In der Küche: Blüten und Blätter roh oder erhitzt, für Salat und Tee.

In der Hausapotheke: Lindert Entzündungen innerlich und äußerlich, Tee auch gegen Krämpfe, früher wichtigstes Kraut gegen Frauenkrankheiten.

Ein Kraut für alle, außer für mich

Kamille ist für alle da. Die Zahl der Inhaltsstoffe und der Anwendungen ist so hoch, dass sie die beliebteste Heilpflanze Deutschlands ist! Allerdings nicht bei mir. Natürlich habe ich in meiner selbst gesammelten Heilkräuterapotheke unter meinen 200 verschiedenen Schätzchen auch ein Glas mit Kamillenblüten. Zum Raten, Riechen und Vorführen. Aber ich *kann* sie einfach nicht benutzen.

Ich betrachte mich als leicht traumatisch kamillenteegeschädigt. Früher gab es für uns Kinder bei jedem Wehwehchen Kamillentee, bei Bauchschmerzen oder Fieber, gegen Zahnfleischentzündung oder Schlafstörungen, bei Schnupfen und Husten. Der Tee hilft eigentlich gegen alles, außer gegen die böse Schwiegermutter. Wenn ich Kamillentee rieche, fallen mir sofort 1000 Krankheiten ein. Und das macht mich heute eher krank als gesund …

Ich halte es da lieber mit dem zweitbeliebtesten Heilkraut der Deutschen: der Pfefferminze. Die hat auch allerlei Heilkräfte – gegen Übelkeit und Magenprobleme, gegen Erkältung und als Zusatz zu unangenehm schmeckenden Tees. Die muss ich allerdings im Blumenkasten anbauen. In der Stadtwildnis findet man wilde Minzen eher selten.

Königkerzen-Monokultur an alter Bahntrasse: genug Hustentee für die ganze Stadt.

KÖNIGLICHES GOLD AUF DER HALDE: KÖNIGSKERZE

Königskerzen fallen immer auf wegen ihrer imposanten Erscheinung: ein strahlendes Licht, wie ein Zepter, mit Blüten ohne Ende und einer Blattrosette, die im ersten Jahr so flauschig ist, dass jeder sie anstaunt. Durchaus mal mitten auf dem Bürgersteig!

Superflausch – ein Segen für die Haut!

Halten Sie kurz inne und berühren Sie einmal die Blätter! Haben Sie nicht auch sofort Lust, darüberzustreicheln wie bei einem Hunde- oder Schaffell? So weich, flauschig, anschmiegsam … Nicht umsonst heißt die Pflanze auch »Großblütiges Wollkraut«. Und genau dieser Superflausch ist Ihr Pflaster.

Sind Sie auf dem Radweg an der alten Bahntrasse gestürzt? Und es ist kein Wegerich in der Nähe? Nehmen Sie die Flauschblätter, kauen oder reiben Sie sie etwas und legen Sie sie auf: wie ein Mulltuch! Seifenstoffe (Saponine) darin wirken reinigend auf die Wunde, Schleimstoffe legen sich wie ein feuchtes Tuch darüber, schützen die Wunde und fördern die Wundheilung.

Sicher ist Ihnen auch sofort klar, dass *dieses* Blatt mein Wildnis-Toilettenpapier Nr. 1 ist, auch bei Hämorrhoiden oder Durchfall und wundem Po zu gebrauchen. Obwohl Huflattich- oder Pestwurzblätter unterseits ebenfalls etwas behaart sind, erreichen sie doch dieses »Wohlfühl-Hochflor-Feeling« am Po nicht annähernd!

»Apfel«-Blüten gegen Husten

Die Blüten können Sie naschen und für Müsli oder Tee trocknen. Der Vorteil: Wenn Sie heute 20 pflücken, kommen morgen 20 neue nach. Optimal sammelt man vor 12 Uhr mittags. Sonst waren die Bienen schon dran und das Süße ist raus, und die Wirkstoffe sind auch schon langsam verduftet. Die Blüten schmecken nach Apfel und eignen sich hervorragend als Beigabe zu Hustentees, verbessern deren Geschmack und wirken durch ihre Schleimstoffe und Saponine schleimlösend und auswurffördernd.

Man kann die Blüten auch drei Wochen lang in Öl ansetzen, dann abgießen: Dieses Öl wird äußerlich gegen Hämorrhoiden und Nervenschmerzen angewendet.

Großblütige Königskerze (Verbascum densiflorum)

Beschreibung: Bis zu 2 m hohe, zweijährige Staude; von Juli bis September mit bis zu 4 cm großen gelben Blüten an langen kolbenförmigen Blütenständen; Blätter dicht filzig behaart, Blattstiele am Stängel herablaufend. Grundblätter im ersten Jahr in einer Rosette bis 15 cm lang.

Vorkommen: Bahndämme, Wegränder, Halden, Schuttplätze, steinige warme Standorte.

In der Küche: Blüten als essbare Deko im Salat, getrocknete Blüten in Müsli, Geschmack nach Apfel.

In der Hausapotheke: Die Blüten in Tees gegen Husten und Heiserkeit geben. Einen Ölauszug aus den Blüten äußerlich gegen Hämorrhoiden und Nervenschmerzen anwenden. Zur Wundheilung frische Blätter quetschen und auflegen.

KEINE TUSSI, SONDERN TUSSILAGO: HUFLATTICH

Der Huflattich liefert keine Hufe, und er hat auch nichts mit Tussis zu tun, obwohl er *Tussilago farfara* heißt. »Tut dir Hals und Rachen weh, nimm Tussilago farfaré!« Also nicht Tussi und dann »dicker Hals« … sondern genau das Gegenteil.

Tussi gegen den dicken Hals

Die Blätter sehen wie ein Huf aus, eignen sich hervorragend als Hustentee, besonders bei Reizhusten, und passen in alle Erkältungsteemischungen. Der Vorteil: Sie sind groß und meist in Mengen vorhanden, man ist mit dem Sammeln schnell fertig. Die Unterseite der Blätter ist flauschig weich: auch als Toilettenpapier zu gebrauchen, ziemlich reißfest und schon in einlagiger Form luxuriös. Bei der Radtour oder dem Haldenspaziergang extra für uns große Mengen am Wegesrand. Für alle eben! Mit bis zu zwei Meter langen Ausläufern, die an der Trasse auch noch den Hang befestigen. Einer meiner Lieblinge!

Nicht gemein

Der »Gemeine Huflattich« ist nun nicht »gemein« im Sinne von böse, sondern für die ganze »Gemeinde« da. Die Blüten und Stängel sind essbar. Aber nicht zu viel: Wir werden neuerdings vor den Pyrrolizidinalkaloiden darin gewarnt. Den Hustentee, der nur aus Huflattich besteht, sollten Sie laut Ursel Bühring maximal zwei Wochen lang trinken. Ich empfehle, die Blätter anderen Hustenkräutern beizumischen.

Gemeiner Huflattich (Tussilago farfara)

Beschreibung: Bis 30 cm hohe Staude; gelbe Blütenkörbchen von Februar bis April, Blütenstiele mit kleinen Schuppenblättern; Blätter erst nach der Blütezeit, hufförmig, unterseits weißfilzig, bis 30 cm lang, oft dicht am Boden liegend, in großen Beständen.

Vorkommen: Bahndämme, Wegränder, Halden, Schuttplätze, Steinbrüche, an steinigen warmen Standorten, aber auch am Wasser.

In der Küche: Blütenstiele essbar wie Spargel, roh oder in der Pfanne eine Köstlichkeit, saftig, süß-herb. Blütenköpfchen als Salatdeko essbar.

In der Hausapotheke: Die Blüten und Blätter enthalten Schleimstoffe und Gerbstoffe. Speziell die Blätter eignen sich als Zumischung zu Hustentees. Sie wirken reizlindernd und entzündungshemmend.

Wilde Apothekenkräuter: Goldrute ist gut für die Nieren, Schafgarbe für die Verdauung und Beinwell für alles, was die »Gebeine« betrifft.

UND NOCH MEHR APOTHEKE

Zahlreiche weitere Schätzchen gibt es in der City-Apotheke. Wenn ich genau hinschaue, kann ich in vielen Städten an verschiedenen Standorten mehrere Hundert Arten identifizieren. Hier noch sechs der wichtigsten heilkräftigen wilden Gewächse:

Goldrute: Ein goldenes Kraut für den goldenen, gesunden Urin. Oberste Pflanzenabschnitte des blühenden Krautes einige Stunden in kaltem Wasser einweichen, dann über den Tag verteilt davon bis zu einem Liter trinken: löst Nierensteine, hilft bei Blasenentzündung. Wächst großflächig auf Brachflächen, blüht im Herbst.

Schafgarbe: »Schafgarbe im Leib tut wohl jedem Weib« – als Tee und Tinktur (aus Blättern und Blüten) gegen Menstruationsbeschwerden und zur Verdauungsanregung. Am Wegrand und im Rasen zu finden.

Die Blätter der Stockrose helfen gegen Reizhusten, Gänsefingerkraut lindert Krämpfe, und Kastanienblüten passen auch in den Hustentee.

Beinwell: Fein geraspelt und mit etwas Wasser zu einem Brei gerührt, heilt die Wurzel äußerlich als Umschlag Knochenbrüche, Prellungen und blaue Flecken. Steht am Wegesrand und an Ufern.

Stockrose: Ihre Blätter eignen sich als Schleimdroge wunderbar für den Hustentee. Als Zierpflanze im Garten zu finden und in Städten oft an Straßenrändern verwildert.

Gänsefingerkraut: Als Tee helfen die Blätter gegen alle Arten von Krämpfen: Magen-, Muskel-, Menstruationskrämpfe. Gibt's im Rasen, am Wegesrand, auf Wegen.

Rotblühende Rosskastanie: Ihre Blüten dürfen auch in den Hustentee, deren Saponine wirken auswurffördernd. Man wird ab und zu in Parks fündig. Genauso wirkungsvoll sind übrigens die Blüten der Weißblühenden Rosskastanie – die sehen nur im Tee nicht so spektakulär aus.

LECKERE ANTIBIOTIKA GEGEN BLASENENTZÜNDUNG: KAPUZINERKRESSE & CO.

Jetzt mache ich einmal die Klimöppkes zum Gegenstand meiner Story. Klimöppkes? So hat meine Oma sie immer genannt. Ich kannte sie schon in meiner Kindheit als bunte Ranke allüberall, gedacht für die Kohlweißlingraupen. Die wussten das und labten sich an ihr … und merkten gar nicht, dass der Kohl, ihre Lieblingsspeise Nr. 2, genau daneben stand. Den erntete dann die Oma. Dass auch wir Klimöppkes essen können, wusste meine Oma noch nicht.

Wenn doch der Winter nicht wäre! Dann würden unsere Kapuzinerkresse-Klimöppkes einfach überdauern, und wir hätten immer ein preiswertes, wirkungsvolles und delikates Antibiotikum vor Ort, aber leider: Ausdauernd ist sie nur in Südamerika, in ihrer alten Heimat, oder auf Madeira, wo es keinen Frost gibt. Deshalb machen wir im Sommer vorausschauend eine Tinktur daraus.

Antibiotisch wirkende Tinktur

Natürlich können Sie alle Zutaten auch einfach so auf Brot oder im Salat roh essen, aber möglicherweise sind Sie danach einsam (Knoblauch!), oder es ist den Kindern, Urgroßeltern oder Ehemännern ein-

Klimöppkes alias Kapuzinerkresse: antibiotisch wirkende Senfölglykoside in ihrer ästhetischsten Form.

fach zu scharf (Meerrettich). Außerdem vermittelt so ein Tinkturfläschchen immer das Gefühl eines richtigen Medikaments! Wenn ich sage: »Tu doch einfach etwas Meerrettich aufs Brot, hilft garantiert gegen Blasenentzündung!«, glaubt mir ja doch keiner.

Die Tinktur hilft gegen Husten, Grippe und Blasenentzündung. Die antibiotischen Substanzen sind Senföle und Allicin. Die Öle aus dem Knoblauch wirken auch noch stark verdünnt tödlich auf Schnupfen- und Grippeviren. Die Senföle der Kapuzinerkresse wirken selbst in einer Verdünnung von 1:50 000 abtötend auf Bakterien!

Warum sind die Bakterien dagegen noch nicht resistent? Gegen viele Antibiotika sind sie es doch schon! Weil wir nicht mit einer Einzelsubstanz arbeiten: Die Tinkturbestandteile enthalten viele verschiedene antibiotisch wirkende Substanzen und stärken zudem das Immunsystem. Tolle Gemüse haben wir da in der Apotheke!

Klimöppkes-Tinktur

Zutaten:

10 g Kapuzinerkresseblüten und -blätter
10 g frisch geriebener Knoblauch
10 g frisch geriebene Meerrettichwurzel
150 ml Wodka
3 saubere Schraubdeckelgläschen à 75 ml
1 Braunglasflasche

› Geben Sie die Kapuzinerkresseblüten und -blätter in ein Schraubdeckelglas und gießen Sie 50 ml Wodka darauf. Alles muss bedeckt sein.

› Den frisch geriebenen Knoblauch setzen Sie genauso in einem weiteren Glas an.

› Mit der frisch geriebenen Meerrettichwurzel verfahren Sie ebenso. Ja, die Augen tränen in Vorfreude auf dieses tolle, selbst gemachte Medikament. Der Rettich heißt nicht umsonst auch »Tränengaspflanze«.

› Lassen Sie die drei Ansätze drei Wochen lang am besten am Fenster stehen und schütteln Sie sie täglich mehrmals.

› Dann sieben Sie die Ansätze, gießen sie durch einen Kaffeefilter und schütten sie zusammen in eine Braunglasflasche. Füllen Sie von diesem Vorrat etwas in ein dunkles Tropffläschchen zur Benutzung ab.

› Ob Husten, Grippe oder Blasenentzündung: Nehmen bzw. verabreichen Sie bei Bedarf 10 bis 15 Tropfen bis zu dreimal täglich, zusätzlich zu anderen für die jeweilige Krankheit heilsamen Maßnahmen. Dieses selbst gemachte Antibiotikum hält sich mindestens ein Jahr lang.

KRÄUTER-POTPOURRI MIT ÄTHERISCHEN ÖLEN

Einige Kräuter sollten Sie in Bio-Qualität im Blumenkasten haben oder im Gemeinschaftsbeet im Stadtpark oder im großen Container als Apotheke für alle. Dazu zähle ich Standard-Arzneipflanzen wie Majoran-, Lavendel-, Thymian- und Salbeiarten, die dank ihrer ätherischen Öle vielseitig anwendbar sind und fast alle antibiotisch wirken. (In Andernach wuchern sie in Containern über die ganze Stadt verteilt.)

Idealerweise setzen Sie die Kräuter in einen großen Pflanzkasten mit Erde, die etwas Sand enthalten darf. Die Mittelmeerkräuter brauchen nicht die gleiche feucht-humusreiche, fruchtbare, lockere Erde wie der Giersch. Einzig der Koriander darf an eine Ecke, wo es etwas feuchter, lockerer und besser gedüngt ist.

Thymian ist *das* Hustenkraut und sollte auf jedem Balkon üppig wachsen und gedeihen.

Wenn Sie bei den folgenden Pflanzen immer die Blütenstände entfernen, kommen frische Blätter zum Ernten regelmäßig nach.

Blumenkasten-Apotheke

Bergbohnenkraut *(Satureja montana):* Als Tee verdauungsfördernd, gegen Blähungen und Durchfall. Als Beigabe zu Hustentee (mit Honig süßen!) wirkt es auswurffördernd.

Lavendel *(Lavandula angustifolia):* Tee und Tinktur innerlich zur Beruhigung, bei Migräne, Schwindel, Nervosität. Tinktur gegen Schmerzen als Einreibung bei Gicht, Nervenschmerzen und Kopfweh und zur Anregung der Hautdurchblutung. Lavendelblütenbad zur Erfrischung, Entspannung und Beruhigung.

Minze *(Mentha piperita):* Regt die Verdauung an, lindert Blähungen, Bauchschmerzen und Übelkeit; hilft bei Erkältung (Inhalation und Tee), gegen Mundgeruch (Gurgeln), gegen Juckreiz und Insektenstiche (Waschung oder Blattauflage).

Rosmarin *(Rosmarinus officinalis):* Regt müde Geister und Beine an, als Tee oder Tinktur innerlich, als Ganz- oder Fußbad, erhöht den Blutdruck, fördert die Durchblutung.

Der Name sagt es schon: Salbei klingt wie Salbe, Salvia, sein lateinischer Name wie eine Grußformel, und officinalis heißt, er war schon immer im Offizin, in der Apotheke vertreten.

Salbei *(Salvia officinalis):* Die Anwendung von Tee oder Tinktur sind so vielseitig, dass ich ihn als das wichtigste Kraut der Balkon-Apotheke betrachte: gegen Husten, Hals- und Rachenentzündung zum Gurgeln, als Bad gegen Fußpilz, als Kompresse zum Desinfizieren entzündeter Wunden, als Tee oder Tinktur innerlich gegen Hitzewallungen bei Wechseljahrbeschwerden.

Thymian *(Thymus vulgaris):* Der Hustentee! Bei Raucherhusten, Bronchitis, wirkt schleim- und krampflösend; zum Gurgeln gegen Zahnfleischentzündungen.

Zitronenmelisse *(Melissa officinalis):* Der pure Blattsaft oder Tee oder Tinktur äußerlich gegen Herpes; Tee oder Tinktur innerlich für gelassene, ruhige, heitere Stimmung. Leider schwer zu trocknen, verliert nach kurzer Zeit das Aroma, daher optimal als Tinktur.

ALOE VERA VON DER FENSTERBANK

Kaufen Sie sich eine Bio-Aloe-vera-Pflanze und stellen Sie sie auf Ihre Fensterbank im Wohnzimmer. Bei Bedarf einfach ein Blatt abschneiden, die Dornen abschälen, die obere Haut abschälen und das Gel dann pur auf die Haut reiben: wirkt entzündungshemmend und gegen trockene Haut.

Ich habe das mal gemacht und wurde dann gefragt. »Was riecht hier so seltsam?« Da hab ich ganz selbstbewusst gesagt: »Ich!« Nun, so sind sie eben, die Pflanzen. Dafür pure Natur! Cremes mit Aloe vera sind ja alle konserviert. Möchte ich meine freundliche Hautbakterienflora »konservieren«? Im Leben nicht.

Ein Kraut für jedes Leiden

PARTYGESPRÄCHE

»Welche Gebrechen haben *Sie* denn so …?« Das ist auf einer Party immer wieder ein gelungener Gesprächsanfang. Oder? Im gemeinsamen Leiden und Stöhnen ist schließlich schon so manche völkerverbindende Freundschaft entstanden.
Ich schlage Ihnen aber mal eine Alternative vor. Wie wäre es mit: »Was begeistert *Sie* denn so?« Dann fängt das Gespräch gleich mit einem Lächeln an, der Serotoninspiegel aller Zuhörer steigt, die Person strahlt und braucht gleich weniger Medikamente. Zum Beispiel könnten Sie ja begeistert von Ihrer wilden »Genug-für-alle-gratis-bio-Stadtapotheke« erzählen …

Ötzi hatte es leichter …

Ein Kraut für *jedes* Leiden? Nun, vielleicht nicht für jedes … Ich stelle mir immer vor, es gäbe keine Apotheken. Möglicherweise stammt diese Vorstellung noch aus einem meiner früheren Leben, damals als Neandertaler oder auch im Mittelalter, als wir uns noch selbst helfen mussten mit Hausmitteln und dem, was eben in der Natur vorhanden war. Nun, für Ötzi in den Alpen – wo tausendundeine Heilpflanze auf kleinstem Raum wachsen – sicher ein Leichtes, für uns in den Städten

eine kleine Herausforderung. »Für *jedes* Leiden« müssen Sie dann doch einige Standorte von heilsamen Bäumen kennen oder allerlei Kräuter getrocknet haben – und außerdem Ihren Handtuchgarten-Apotheken-Selbstversorger-Blumenkasten zu Hilfe nehmen.
Die beste Idee: ein selbst angelegter Heilpflanzengarten im Stadtpark! Zum Abernten für alle. Damit landen Sie sicher im Himmel (wegen der guten Tat) und in der Bildzeitung (wegen der unerhörten Aktion).

SELBSTBEHANDLUNG VON AKNE BIS WARZEN

Eine sehr große Anzahl Krankheiten können Sie aber doch mit der wilden oder der Blumenkasten-Apotheke angehen, wie die Übersicht auf den nächsten Seiten zeigt. Sie ist bewusst einfach gehalten und nur mit den hier besprochenen Pflanzen erstellt, damit wirklich jeder sie benutzen kann! Allerdings setzt sie die **genaue Kenntnis der Pflanzen** voraus! Bei unklaren oder länger anhaltenden Beschwerden gehen Sie bitte **zum Arzt oder Heilpraktiker!**

Tee & Co. richtig anwenden

Äußerlich bedeutet: Für eine Kompresse einen Tee kochen, ein Tuch damit tränken und auflegen. Bei Halsentzündung mit dem Tee gurgeln. Für ein Bad 70–100 g Kraut in 2 Liter kochendes Wasser geben, bei geschlossenem Deckel 10 Minuten ziehen lassen und ins Vollbad geben; bei einem Fußbad entsprechend weniger Kraut ansetzen.
Innerlich bedeutet: den Tee trinken, am besten jeweils eine halbe Stunde vor den Mahlzeiten.

Wildkräuter-Apotheke

Akne	• Birkenblättertee und Kamillentee äußerlich • Salbeitee äußerlich • Birkenblättertee und Brennnesseltee innerlich • Kletten-Labkraut essen
Anti-Aging	• Täglich frischen Kräutersalat essen • Lindenblütentee äußerlich gegen Falten
Beruhigung	• Johanniskrauttee (über Wochen einnehmen, wirkt nicht spontan) • Melissentee • Lavendel als Tee innerlich und als Bad
Blasen-entzündung	• Viel Birken- und Brennnesselblättertee • Goldruten-Wasser (zehn Stunden kalt einweichen, hilft auch gegen Nierensteine) • Tinktur oder Tee aus Kapuzinerkresse, Meerrettich und Knoblauch (Seite 248); oder Meerrettich oder Kapuzinerkresse essen
Blutdruck, hoher	• Bärlauch essen, Knoblauch essen • Teekur über drei Wochen mit Weißdornblüten/-knospen/-blättern

Hinweise zur Anwendung der Kräuter siehe Seite 253 und am Tabellenende.
Rezepte für Tees, Tinkturen & Co. siehe Kräuterbeschreibungen im Buch.

Blutdruck, niedriger	• Rosmarintee oder -bad
Bluterguss	• Johanniskrautöl äußerlich
Blut stillen	• Hirtentäscheltee äußerlich • Wegerichblätter quetschen und auflegen • Schafgarbe (frische Blätter auflegen oder starker Tee äußerlich)
Diabetes	• Brennnesseln essen (Glukokinine senken den Blutzuckerspiegel und stärken die Bauchspeicheldrüse)
Durchfall	• Eichenrindentee • Salbeitee • Kamillenblütentee • Calendula-/Ringelblumenblütentee
Entgiftung	• Gundermann essen oder als Tee oder Tinktur • Koriander essen oder als Tee
Erkältung	• Holunderblütentee akut (schweißtreibend) • Lindenblütentee akut (ebenso)
Fußpilz	• Stellen mit Knoblauchsaft einreiben • Thymian- oder Salbeifußbad • Schwarzteefußbad

Gicht	• Brennnesseltee • Birkenblättertee • Giersch essen oder als Tee • Goldrutentee • Löwenzahn essen (Blätter oder/und Wurzeln)
Hämorrhoiden	• Kamillentee ins Sitzbad
Herpes	• Stinkender Storchschnabel: frisch zerdrückte Blätter auflegen oder Blattsaft auftragen oder Tinktur • Saft von frischen Melissenblättern drauftupfen oder Tinktur
Herzstärkung	• Weißdorntee aus Blättern, Blüten und Beeren, vier Wochen lang dreimal täglich • Bärlauch essen
Husten, Bronchitis	• Gundermanntee • Huflattichblättertee • Salbeitee • Spitzwegerichtee • Königskerzenblütentee • Hustensaft aus in Zucker eingelegtem Spitzwegerich • Thymiantee

Hinweise zur Anwendung der Kräuter siehe Seite 253 und am Tabellenende.
Rezepte für Tees, Tinkturen & Co. siehe Kräuterbeschreibungen im Buch.

Insektenstiche	• Saft von Wegerichblättern äußerlich, dazu Blätter mit dem Nudelholz quetschen, oder Wegerichtinktur • Stinkender Storchschnabel: frischer Blattsaft äußerlich • Zerdrückte Minzeblätter oder Bärlauchblätter oder -saft oder frisch angeschnittene Zwiebel äußerlich
Immunsystem stärken	• Ab und zu Löwenzahnwurzeln essen (wirkt wie Ginseng)
Kopfschmerzen	• Zitronenmelissetee • Bei Kater: Löwenzahnwurzel essen (entgiftet) • Mädesüßblütentee oder -tinktur
Leber- und Galleprobleme	• Löwenzahntee aus Blättern oder Wurzeln • Löwenzahn essen • Meerrettich essen oder als Saft • Gundermann essen oder als Tee • Minze, Kamille, Koriander regen die Verdauungsorgane an
Magenprobleme	• Melissentee • Kamillentee

Menstruationsbeschwerden	• Frauenmanteltee • Schafgarbentee
Prostatavergrößerung	• Brennnesselwurzeltee
Rachen- und Zahnfleischentzündung	• Gurgeln mit Tee aus Salbeiblättern
Rheuma	• Birken-, Brennnessel-, Gierschtee innerlich • Mädesüßtee innerlich gegen Schmerz • Farntinktur äußerlich gegen Schmerz, Farn in Kissen • Löwenzahn und Giersch essen • Johanniskrautöl äußerlich
Schlafstörungen	• Lavendeltee • Melissenblättertee • Lindenblütentee
Seelische Verstimmung	• Johanniskraut-Teekur über Wochen • Melissentee • Stinkender Storchschnabel: Tinktur dreimal tgl. drei Tropfen über drei Wochen
Stress	• Johanniskraut-Teekur über Wochen

Sonnenbrand	• Johanniskrautöl auftragen • Kamillentee äußerlich • Lindenblütentee äußerlich • Schafgarbentee (sehr stark) als Kompresse
Warzen	• Schöllkraut: frischen gelben Stiel-Saft eintupfen (Vorsicht, giftig! Gelber Saft soll nur auf die Warze und nur bei abnehmendem Mond)
Wundheilung fördern	• Spitzwegerichblättersaft oder -tee äußerlich • Johanniskrautöl äußerlich • Königskerze: zerdrückte Blätter äußerlich • Holunderblätter zerdrückt äußerlich

Die Tabelle wurde nach bestem Wissen zusammengestellt.
Sie erhebt keinen Anspruch auf Vollständigkeit.
Diese Tabelle ersetzt keinen Arzt oder Apotheker. Jeder benutzt sie auf eigene Verantwortung!
Die angegebene Verwendung trifft nur auf die im Buch vorgestellten Arten zu (lateinischer Name!). Ihr Gebrauch setzt daher eine sichere Kenntnis der Pflanzen voraus.
Gibt es mehrere Behandlungsvorschläge, können Sie auswählen. Oft hilft schon eine einzelne Pflanze, manchmal aber eher eine Kombination von Anwendungen. Finden Sie heraus, was *Ihnen* am besten hilft!
Bei Schwangerschaft und Behandlung von Kindern fragen Sie bitte vorher Ihren Arzt oder Apotheker!

MEINE PERSÖNLICHE NOTFALL-APOTHEKE

Nun möchten Sie vielleicht noch wissen, was zu meiner eigenen Hausapotheke gehört? Eine sehr persönliche Frage, aber nun gut. Sie wissen ja sowieso schon alles über mich: meine Vergangenheit, meine Vorlieben; dass ich Karnickel, Rennmäuse und jede Art von Pflanze liebe … Im Auto habe ich jedenfalls immer mein Notfallset aus selbst angesetzten Urtinkturen dabei.

Erste-Hilfe-Tinkturen für unterwegs

Spitzwegerich: Zum Auftragen auf juckende Insektenstiche oder wenn ich die (Gicht austreibenden, wärmenden, prickelnden) Brennnesselquaddeln doch nicht aushalten kann.

»Rescue-Tropfen« aus Stinkendem Storchschnabel: Wenn ich jemandem ein Notfallmittel geben muss, weil er einen Schock hat, oder wenn jemand einen Zeckenbiss hat (treibt die Borrelien raus laut Roger Kalbermatten von der Firma Ceres).

Mädesüß: Gegen spontane Kopf- oder sonstige Schmerzen zehn Tropfen nehmen – und nach zehn Minuten sind alle Schmerzen weg.

Wermut: Wenn ich schnell noch ein paar wache Minuten brauche, obwohl ich gerade etwas neben mir stehe oder müde bin, zum Beispiel nach langen Autofahrten.

Nachwort

Wenn Sie bis hierhin durchgehalten haben, dann beglückwünsche ich Sie als frisch gebackenen Kräuterkenner! Die wichtigsten Schätzchen zum Überleben im Stadtpark kennen Sie nun. Jetzt können Sie beruhigt zu Open-Air-Festivals mit 10 000 Besuchern fahren und werden für jedes Leiden ein Kraut am Rand des Festivalgeländes oder im städtischen Blumenbeet finden.

Natürlich hoffe ich, dass Sie einige Kräuter für die Nachwelt stehen lassen oder besser noch selbst anbauen und damit wie ich die Vision der grünen Städte zu einem Stück Realität machen. In jedem Fall danke ich Ihnen, dass Sie meine Ausführungen so lange begleitet haben.

Ich wünsche Ihnen allzeit beste Gesundheit!

Anhang

DIE PFLANZEN VON A BIS Z

A

B

C · D

E

F

Z

DIE REZEPTE

URSULAS BOTANISCHE LIEBLINGSLEKTÜRE

Essbare Stadt

- Meyer-Rebentisch, Karen: Das ist Urban Gardening! BLV 2013
- Müller, Christa (Hg.): Urban Gardening. Über die Rückkehr der Gärten in die Stadt. Oekom 2011

Pflanzen bestimmen

- Golte-Bechtle, M./Spohn, R./Spohn, M.: Was blüht denn da? Kosmos Verlag 2015 (870 Pflanzen nach Blütenfarbe sortiert auf Zeichnungen erkennen)
- Spohn, M.: Was blüht denn da? Der Fotoband. Kosmos Verlag 2015 (550 Pflanzen nach Blütenfarbe sortiert auf Fotos erkennen)
- Jäger, E. J. (Hg.): Rothmaler – Exkursionsflora von Deutschland. Gefäßpflanzen: Atlasband. Spektrum Akademischer Verlag 2013 (Schwarz-Weiß-Zeichnungen aller vorkommenden Arten)
- Jäger, E. (Hg.): Rothmaler – Exkursionsflora von Deutschland. Gefäßpflanzen: Grundband. Spektrum Akademischer Verlag 2011 (reiner Textband, beide Rothmaler-Werke sind Pflicht für Botanikstudenten)

Kräuter/Heilkräuter

- Bühring, Ursel: Praxis-Lehrbuch der modernen Heilpflanzenkunde. Sonntag Verlag 2009
- Bühring, Ursel: Alles über Heilpflanzen. Ulmer Verlag 2011
- Kalbermatten, Hildegard und Roger: Pflanzliche Urtinkturen. Wesen und Anwendung. AT Verlag 2011
- Malm, Liesel: Die Kräuter-Liesel. Meine besten Heil- und Gewürzkräuter. Bassermann Verlag 2013
- Schönfelder, Peter und Ingrid: Der Kosmos Heilpflanzenführer. Kosmos Verlag 2015
- Tegetthoff, Folke: Kräutermärchen. Nymphenburger Verlag 2004

Bäume

- Arvay, C. G.: Der Biophilia-Effekt. Heilung aus dem Wald. edition a 2015
- Fischer-Rizzi, Susanne: Blätter von Bäumen, Heilkraft und Mythos einheimischer Bäume. AT Verlag 2007
- Pilaske, Rita: Heilkraft der Bäume. Fachverlag Dr. Fraund 2002
- Spohn, M./Spohn, R.: Welcher Baum ist das? Kosmos Verlag 2014
- Strauß, Markus: Köstliches von Waldbäumen. Hädecke 2010

Essbare Wildpflanzen

- Beiser, Rudi: Unsere essbaren Wildpflanzen. Kosmos Verlag 2014
- Fleischhauer, Steffen Guido: Kleine Enzyklopädie der essbaren Wildpflanzen. 1000 Pflanzen tabellarisch. AT Verlag 2010
- Fleischhauer, Steffen Guido: Essbare Wildpflanzen. 200 Arten bestimmen und verwenden. AT Verlag 2015
- Henschel, Detlev: Essbare Wildbeeren und Wildpflanzen. Kosmos Verlag 2002
- Machatschek, Michael: Nahrhafte Landschaft 1 und 2. Böhlau Verlag 1999
- Mayer, Elisabeth: Wildfrüchte, -gemüse, -kräuter: Erkennen, sammeln und genießen. Leopold Stocker Verlag 2011
- Nentwig, Celia: Wildpflanzen. Köstliche Rezepte, essbare Dekorationen und Geschenkideen. Bloom's by Ulmer Verlag 2012,
- Nentwig, Celia/Henckel, Hella: Meine neuen Wildpflanzen-Rezepte mit vielen Deko-Ideen. Bloom's by Ulmer Verlag 2014

Kochen mit Zierpflanzen

- Kabitzsch, Martina: Blütenmenüs. Thorbecke Verlag 2009.
- Heil, Alexander: Der Paradiesgarten. Essbare Stauden selbst angepflanzt. Ökobuch faktum 2009

Vegane Rohkost

- Dahlke, Ruediger: Das Geheimnis der Lebensenergie in unserer Nahrung. Arkana Verlag 2015
- Hochstrasser, U. u. R.: Rohkost vom Feinsten. Edition Sonnenklar, 2012

Bücher & DVDs von Wolf-Dieter Storl

- Heilkräuter und Zauberpflanzen zwischen Haustür und Gartentor. Knaur Verlag 2007
- Borreliose natürlich heilen. AT Verlag 2007
- Wandernde Pflanzen. Neophyten, die stillen Eroberer. AT Verlag 2012
- Der Selbstversorger. Gräfe und Unzer Verlag 2013
- Film »Pflanzenzauber«. DVD , Aurum Verlag
- Film »Heiler am Wegesrand«. DVD, Aurum Verlag

Über die Autorin

Ursula Stratmann, Jahrgang 1958, ist Mutter dreier Kinder, Dipl.-Biologin und Dipl.-Kräuterfachfrau (PhytAro), Labor-MTA und Umweltberaterin. Sie arbeitet als Dozentin an der Dortmunder PhytAro-Heilpflanzenschule, schreibt für Zeitschriften und macht Kräuterführungen und Heilkräuterkurse in ganz NRW.

Folgende Bücher sind bereits erschienen:
Paradies in Grün. Wilde Kräutergeschichten aus dem Ruhrgebiet.
Klartext-Verlag, 2. Aufl. 2015
Kräutertour de Ruhr. Die schönsten Kräuterführungen im Ruhrgebiet.
Klartext-Verlag, 2. Aufl. 2015
Kräutertour de Ruhr II. 30 neue traumhafte Kräuterführungen im Ruhrgebiet.
Klartext-Verlag, 1. Aufl. März 2016

Termine: Kräuterführungen unter *www.kraeutertour-de-ruhr.de*
E-Mail-Kontakt: uschi.stratmann@web.de

Danksagung

Ein ganz besonderes Dankeschön sende ich an …

- alle Pflanzenwesen auf der ganzen Welt!
- Ulrich Ehrlenspiel, den Verlagsleiter von Kailash, der mich mit seiner Begeisterung für das Thema erst einmal richtig angesteckt hat;
- meine Lektorinnen Caroline Colsman und Felicitas Holdau sowie die Grafikerinnen Sabine Krohberger und Bettina Stickel, die mit viel Liebe und guten Ideen dieses Buch so schön gestaltet haben;
- Dr. Wolf-Dieter Storl, speziell für seine Inspirationen und seine persönliche Empfehlung an den Kailash-Verlag, für seine wundervollen Bücher und Anregungen, die bei mir eine Liebe zu allen Lebewesen hervorgerufen haben, auch zu den kleinen aus dem Untergrund;
- meine Tochter Meike für das Korrekturlesen und ihre inspirierenden Vorschläge;
- meine Fotografen Yasmin Kuhr *(www.yasmin-kuhr.com)* und Heinz Lappe *(www.digial-fotgrafie.eu),* die bereit waren, in jede Ecke zu kriechen, um das optimale Bild zu erwischen, und die diesen »speziellen Blick« haben. Ihr habt wunderbare Bilder gemacht! Danke auch Felipe Kohlhörster für die fantastischen Fotos von Kräutern in Berlin!
- die PhytAro-Heilkräuterschule in Dortmund, wo ich so viel wertvolles Wissen über die Heilkräfte der Pflanzen tanken durfte und wo ich gelernt habe, wie man Liebesweine und Tinkturen ansetzt, Salben rührt, Zäpfchen macht, Heilöle komponiert, Kräutertees mixt …
- alle Teilnehmer meiner Kräuterkurse und Exkursionen, von deren Erfahrungen ich lernen durfte und die mir allerlei Geschichten und Anekdoten geliefert haben.

IMPRESSUM

1. Auflage
Originalausgabe

Neumarkter Str. 28,
81673 München

Lektorat und Satz: Felicitas Holdau
Umschlaggestaltung und Layout:
ki 36, Sabine Krohberger Editorial Design, München
Reproarbeiten: Lorenz & Zeller, Inning am Ammersee
Druck und Bindung: Print Consult GmbH, München
Printed in the Slovak Republic

ISBN 978-3-424-63120-3

www.kailash-verlag.de

MIX
Papier aus verantwortungsvollen Quellen
FSC® C084279

Verlagsgruppe Random House
FSC® N001967

Bildnachweis

Fotos: Sibylle Baersch S. 170; Peter Braczko S. 75; Fotolia/Naturestock: Papier-Fond; Armin Jagel S. 149 re, 207; Felipe Kohlhörster S. 12, 17, 24; Yasmin Kuhr S. 7, 85, 91, 92, 103, 107, 132, 136, 152, 158, 160, 197, 261, 268; Heinz Lappe S. 16, 22, 34, 79, 87, 126, 127, 139, 151, 164, 182, 191, 192, 201, 203, 206, 211, 215, 220, 225, 227, 229, 233, 245 re; Erdmute Marciniak S. 198; Olga Stratmann S. 11
Alle weiteren Fotos: Ursula Stratmann
Umschlagmotive: Plainpicture/Oote Boe, Westend61; Shutterstock/ Andrey Kuzmin; Nito/Veer; Heinz Lappe
Illustrationen: Bettina Stickel, ki 36

Hinweis

Der Verlag weist ausdrücklich darauf hin, dass im Text enthaltene externe Links vom Verlag nur bis zum Zeitpunkt der Buchveröffentlichung eingesehen werden konnten. Auf spätere Veränderungen hat der Verlag keinerlei Einfluss. Eine Haftung des Verlags ist daher ausgeschlossen.